새벽 오히려 미명에
예수께서 일어나 나가 한적한 곳으로 가사
거기서 기도하시더니
(막 1:35)

Very early in the morning,
while it was still dark, Jesus got up,
left the house and went off to a solitary place,
where he prayed.
(Mark 1:35)

새벽 | 기도의 | 사람들
새벽 기도

새벽 | 기 도 의 | 사 람 들
새벽기도

김남준

🕯생명의말씀사

김남준 현 안양대학교의 전신인 대한신학교 신학과를 야학으로 마치고, 총신대학교에서 목회학 석사와 신학 석사 학위를 받았으며, 신학 박사 과정에서 공부했다. 안양대학교와 현 백석대학교, 총신대학교에서 전임 강사와 조교수를 지냈다. 1993년 **열린교회**(www.yullin.org)를 개척하여 담임하고 있는 저자는 영국 퓨리턴들의 설교와 목회 사역의 모본을 따르고자 노력해 왔으며, 아우구스티누스를 비롯한 보편교회의 신학과 칼빈, 오웬, 조나단 에드워즈와 17세기 개신교 정통주의 신학에 천착하면서 조국교회에 신학적 깊이가 있는 개혁교회 목회가 뿌리내리기를 갈망하며 섬기고 있다.

주요 저서로는 **1997년도 기독교 출판문화상**을 수상한 『예배의 감격에 빠져라』와 **2003년도 기독교 출판문화상**을 수상한 『거룩한 삶의 실천을 위한 마음지킴』, **2005년도 기독교 출판문화상**을 수상한 『죄와 은혜의 지배』를 비롯하여 『구원과 하나님의 계획』, 『게으름』, 『자기 깨어짐』, 『하나님의 도덕적 통치』, 『교사 리바이벌』, 『자네, 정말 그 길을 가려나』, 『목회자의 아내가 살아야 교회가 산다』, 『설교자는 불꽃처럼 타올라야 한다』, 『돌이킴』, 『싫증』, 『개념없음』, 『그리스도인이 빛으로 산다는 것』, 『가상칠언』, 『목자와 양』, 『아이야 엄마가 널 위해 기도할게』, 『깊이 읽는 주기도문』, 『서른통』 등 다수가 있다.

새벽 기도

ⓒ 생명의말씀사 2002

2002년 11월 30일 1판 1쇄 발행
2019년 12월 18일 24쇄 발행

펴낸이 | 김재권
펴낸곳 | 생명의말씀사

등록 | 1962. 1. 10. No.300-1962-1
주소 | 서울시 종로구 경희궁1길 5-9(03176)
전화 | 02)738-6555(본사) · 02)3159-7979(영업)
팩스 | 02)739-3824(본사) · 080-022-8585(영업)

지은이 | 김남준

교열 | 태현주
디자인 | 디자인집
인쇄 | 예원프린팅
제본 | 정문바인텍

ISBN 89-04-15487-1
     89-04-18050-3 (세트)

저작권자의 허락없이 이 책의 일부 또는 전체를
무단 복제, 전재, 발췌하면 저작권법에 의해 처벌을 받습니다.

책을 열며

　처음 주님을 만나고 벅찬 감격에 새벽 기도 가던 때를 기억합니다. 아무것도 아는 것이 없었지만, 하나님께서 나를 사랑하신다는 것과 예수 그리스도께서 나를 위해 십자가에 대신 죽으셨다는 사실 때문에 감격하던 그 때에는 새벽 기도가 한없이 행복했습니다.
　먼 들길을 지나, 바람 부는 개울 다리를 건너도 그 새벽길이 멀지 않았습니다. 추운 겨울, 모진 새벽 눈보라가 치면 오히려 그렇게 춥고 어두운 긴 길을 걸어서 주님을 만나러 가는 자신이 대견스러웠습니다.
　아주 작은 예배당에 들어서면 따뜻한 톱밥 난로가 있었고, 거기서 아침 햇살이 깨어진 교회의 유리창을 두드릴 때까지 간절히 기도했습니다. 하나님께서는 한번도 그 새벽에 드리는 기도를 외면

하지 않으셨기 때문에, 돌아가는 발걸음은 언제나 주님의 성품을 맛보는 달콤함으로 행복했습니다.

이런 기도 생활의 추억을 여러분도 가지고 있을 것입니다. 오늘날, 하나님의 사랑을 느끼지도 못하고 그 사랑을 따라 살지도 못하는 메마른 가슴을 가진 그리스도인들을 만날 때마다, 그 어린 시절의 새벽 기도의 경험이 떠오릅니다. 그리고 우리 모두 그렇게 어린 아이처럼 하나님을 만나고 싶어하고 그 품에서 숨쉴 수 있다면, 우리의 삶이 얼마나 거룩하고 우리의 생활이 얼마나 하나님의 의로 가득찰지에 대하여 생각합니다.

언제나 이런 생각은 마음을 아프게 합니다. 왜냐하면 무너진 기도의 세계를 인하여 그리스도의 군사로 살기보다는 세속적인 마음의 용병으로 사는 신자들이 더 많기 때문입니다. 기도는 말씀과 함께 하나님을 만나는 다리입니다. 진리는 그 분의 성품을 보여주지만, 기도는 그것을 경험하게 합니다.

그리고 이 세상에서 신자가 변함없이 주님을 사랑하고 자기를 부르신 영광스러운 소명을 따라 살기 위해서는 하늘로부터 부어지는 거룩한 은혜가 너무나도 절박하게 필요합니다. 그러므로 기도하는 사람들은 이러한 하늘의 능력의 비밀을 맛보고 있는 사람들입니다.

이 책은 성경에 나오는 새벽의 광경을 기도와 관련지어 그려 본 책입니다. 여러분은 이 책을 통해, 새벽에 행하셨던 하나님의 위대한 일과 그 하나님을 찾으러 한적한 곳으로 나아갔던 기도의 사람들을 만날 것입니다. 그리고 이 책을 다 읽기 전에, 여러분은 그들이 만났던 하나님을 만나고 싶어서 새벽 기도를 시작할 것입니다.

저의 간절한 소원은 우리 모두 이 세상의 죄인들이 눈뜨기 전에 먼저 일어나 하나님께 부르짖는 것입니다. 진실한 참회와 애절한 간구로 새벽 기도의 활에 사연을 담아 하늘로 쏘아 올리는 것입니다. 첫 번째 하늘을 지나 두 번째 하늘을 뚫고, 거룩하신 주님이 계신 삼층천에 이르기까지…….

끝으로 항상 부족한 사람을 위하여 기도해 주는 열린교회 성도들과 사랑하는 아내에게 감사의 마음을 전합니다. 그리고 이 글이 나오기까지 원고 정리를 위하여 수고한 이승현 자매에게 아울러 고마운 마음을 여기에 적습니다.

2002. 11. 30. 평촌에서
그리스도의 노예 김남준

차례

Contents

새벽 | 기도의 | 사람들 ✚ 새벽 기도

책을 열며 / 5

새벽에 일하시는 하나님

제1장 능력의 하나님 : 견고한 그 성 앞에서 - 여호수아 / 13

믿음을 가르치는 사건 / 싸워서 얻는 약속의 땅 / 하나님과 동행할 때 / 여리고 성이 무너진 것은 / 약속, 믿음, 그리고 순종 / 일곱째 날의 약속 / 새벽에 무너지다

제2장 승리의 하나님 : 확실한 패배 앞에서 - 히스기야 / 39

본문의 배경 / 심판하시는 하나님 / 승리의 새벽 / 인생의 밤을 지나십니까? / 인간의 최선을 능가하는 하나님의 개입 / 완벽한 도움 / 도우심의 이유 / 진정한 기도의 자세 / 기적의 새벽을 기다리며

새벽에 임하시는 하나님

제3장 구원의 하나님 : **환난**을 벗어나 - 롯 / 65
어리석은 선택 / 의인의 영향력 / 하나님께서 심판하실 때 / 심판하시는 새벽에 / 그 새벽이여, 다시 한번 / 새벽을 보면 그 사람을 안다

제4장 기적의 하나님 : **위기**를 넘어서 - 모세 / 83
송영이 된 사건 / 믿게 하시려고 / 바다에서 받은 세례 / 이미, 그러나 아직 / 근본을 해결하시는 하나님 / 기도하던 손이었습니다 / 그 때도 새벽이었습니다

제5장 은혜의 하나님 : **결핍**을 이기며 - 광야 백성 / 105
먹여 주시는 하나님 / 떡으로만 아니요 / 하나님의 말씀으로 살리라 / 새벽에 거두는 하루 양식 / 새벽에 기대하라 / 하늘 이슬에 젖으며 하루를 시작하라 / 기도가 좋다, 새벽이 좋다 / 새벽에 싸우십시오

새벽을 기다린 사람들

제6장 새벽에 뜻을 세우라 - 다윗 / 129

신앙은 장거리 경주입니다 / '견고하다'는 뜻 / 견고함의 기본 조건 : 마음을 정함 / 확정된 마음에 감격이 / 당신의 새벽은 누가 깨웁니까?

제7장 부르짖음으로 눈뜨라 - 다윗 / 147

시인의 아침 / 돌아갈 수 없는 철새 / 새벽의 사람이 되라 / 시간을 다스리며 / 하루의 첫 열매를 드립니다 / 새벽 기도하고 싶은 그대에게

제8장 새벽에 충성하라 - 예수님 / 165

예고편이었습니다 / 예수님께서는 이렇게 사셨습니다 / 주신 능력을 기도로 유지하심 / 고독한 시간을 찾아서 / 새벽에 만날 하나님을 기대하며

제9장 사랑으로 기도하라 - 막달라 마리아 / 183

새벽에 살아나신 예수님 / 새벽에 흐느끼는 여인 / 사랑에 빠진 새벽 / 새벽에 일어난 일

제10장 회복을 꿈꾸라 - 베드로 / 199

한 사람을 위하여 / 그 때처럼 찾아오신 예수님 / 마음을 풀어 주시며 다가오셨기에 / 그래도 예수님의 가족이었습니다 / 양심의 소리보다 주님의 음성을 / 이 모습 이대로 / 네가 나를 사랑하느냐? / 그 새벽, 새 인생의 아침

새벽에 일하시는 하나님

1

능력의 하나님
견고한 그 성 앞에서

새벽 | 기 도 의 | 사 람 들

"제 칠일 새벽에 그들이 일찌기 일어나서
여전한 방식으로 성을 일곱 번 도니
성을 일곱 번 돌기는 그날뿐이었더라"

(수 6:15)

01

능력의 하나님:
견고한 그 성 앞에서

- 여호수아

여리고 성 앞에서의 6일은 크고 위대한 능력의 일곱째 날을 위한 준비였습니다.
과정 없이는 그 어떤 일도 가능하지 않습니다.
활짝 핀 아름다운 국화가 보고 싶다면, 봄부터 소쩍새가 그렇게 울어야 합니다.
그 피나는 사연이 싫은 사람은 자신의 국화가 만개하는 것을 결코 보지 못할 것입니다.
큰 문제 앞에서의 새벽 기도는 그런 마음으로 드려야 합니다.

믿음을 가르치는 사건

광야 생활 이후로 이스라엘 백성들에게는 만나를 내려주신 것과 함께 오래도록 잊혀지지 않는 충격적인 사건이 또 하나 있었습니다. 그것은 바로 여리고 성이 무너진 사건입니다.

이 두 사건은 상당히 유사한 점이 있는데, 우선 만나의 사건은 홍해를 건넌 지 얼마 되지 않아서 일어난 사건이고 이 여리고 성이 무너진 사건은 요단강을 건넌 직후에 일어난 사건이라는 점이 그러합니다.

즉, 만나의 사건은 홍해가 갈라지는 기적을 본 후에 경험한 사건이었고 여리고 성이 무너진 사건은 요단강이 마르는 기적을 본 후에 일어난 사건이었다는 것입니다. 더욱이 이 두 사건은 모두 인간이 무엇을 보탠 것이 아니라 하나님 홀로 하셨다는 점에서 아주 유사합니다.

그럼에도 불구하고 이 두 사건에는 중대한 차이가 있습니다. 여리고 성이 무너지는 사건에서는 믿음의 역할이 아주 중요하게 작용을 했고 만나가 내리는 사건에서는 믿음과는 상관없이 하나님의 기적이 작용을 한 것입니다. 다시 말해서 만나는 이스라엘 백성이 믿었기 때문에 내린 것이 아니라, 하나님께서 일방적으로 베푸신 것입니다.

따라서 우리는 하나님께서 여리고 성을 무너뜨리신 사건을 통해 믿음의 역할에 대하여 깨닫게 됩니다.

싸워서 얻는 약속의 땅

더불어 우리는 이 여리고 성 사건을 통해 약속의 땅을 주시는 하나님의 방법을 배우게 됩니다. 이스라엘 백성은 홍해를 건너 시내 반도로 올라온 후 무려 40년 가까이 광야에서 방황합니다. 그리고 결국 모세를 포함한 모든 구세대가 다 죽은 후에야 비로소 여호수아와 함께 하나님께서 약속하신 가나안 땅에 들어오게 되는 것입니다.

이스라엘 백성들은 가나안 땅을 공격할 때에, 남부나 북부가 아닌 중부 지방 허리를 자르며 들어왔습니다. 이렇게 공격하면 앞뒤로 적을 두게 되는데도 하나님께서는 그들을 그렇게 인도하셨습니다. 위로 아래로 전쟁을 치르면서 하나님께서 기업으로 주신 가나안 땅을 얻어내었습니다. 하나님만을 의지하는 치열한 전쟁을 통해 획득한 것입니다.

이스라엘 백성들이 전쟁에서의 승리를 통하여 땅을 얻었다는 것은 오늘을 사는 우리 그리스도인들에게 많은 것을 시사합니다. 그것은 곧, 그리스도인의 삶은 본질적으로 영적인 전쟁이라는 것을 보여줍니다.

이것은 바로 하나님의 자녀들이 이 세상을 살면서 어떻게 주님이 주신 그 영원하신 기업을 성취해 가는가 하는 것을 보여줍니다. 주님은 이미 주셨습니다. 이것은 완료형입니다. 그러나 이미 그 기업을 주셨어도 아직도 우리에게 전쟁이 계속되고 있는 것은, 이길 수 있는 놀라운 약속들을 주셨지, 완전히 승리해서 전쟁이 필요 없는 상태를 주신 것은 아니기 때문입니다. 그 약속을 성취하는 것은 우리의 몫이며, 그것은 이미 승리가 보장되어 있는 싸움입니다.

이처럼 예수님을 믿고 하나님의 자녀가 된 우리들도 약속받은 천국의 유업을 누리기 위해서는 이 땅에서 끊임없이 치열한 영적 전쟁에서 이겨야 합니다.

이스라엘 백성들은 가나안 땅을 약속으로 받으면서, 그것이 그냥 쉽게 주어질 것으로 기대했습니다. 그렇게 생각했기에 정탐꾼들 중 다수는 가나안 땅을 두루 탐지하면서 어려운 전쟁이 예견되자 절망했던 것입니다. 그런데 이 같은 불신앙을 오늘날 우리들도 되풀이합니다.

하나님께서 우리에게 주신 온전한 구원의 약속이 저절로 쉽게 이루어질 것이라고 착각하는 경우가 많습니다. 그래서 대부분의 그리스도인들이 하나님만 믿으면 저절로 복을 받는 줄 알았다가, 그 속에 성화를 위한 치열한 싸움이 있음을 깨닫고는 아예 일찌감치 두 손 들고 참된 그리스도인이 되기를 포기하는 것입니다.

그런 그리스도인들은 가나안 땅이 크고 탐스런 과일들이 주렁주렁 열려 있고 젖과 꿀이 흐르는 채 아무도 없이 텅 비어 있어서 언제든지 들어가기만 하면 되는 곳이기를 기대했던 믿음 없는 이스라엘 백성들과 같은 사람들입니다. 함께하시는 하나님을 의지하기보다는 싸움을 두려워하였던 이스라엘 백성들은 결국 가나안 땅으로 들어가지 못하게 되는, 불신앙의 뼈아픈 대가를 치러야 했습니다.

그러나 기억하십시오. 이스라엘 백성들이 가나안 땅을 모두 받았지만 전쟁을 통해서 이기는 정복의 역사가 없이는 단 한 평의 땅도 차지할 수 없었습니다. 여호수아가 이스라엘 군대를 이끌고 이렇게 하나님께서 약속하신 땅을 정복해 나아가는 역사를 바라보면서 우리는 거룩한 삶을 위하여 분투하여야 함을 배웁니다. 주님은 주신 은혜를 따라서 힘써 싸우는 사람들에게 그 약속을 실현하여 주십니다. 그들의 믿음을 통해서 이 일을 하십니다.

하나님과 동행할 때

이스라엘 백성들이 요단강을 건넌 후, 제일 먼저 마주친 커다란 성이 바로 여리고 성이었습니다. 그 성은 요단강 건너편에서 다가오는 적들을 방어하기 위해 아주 높고 크게 지어진 튼튼한 성이었습니다. 그런데 우리는 이 여리고 성 사건에 관한 성경의 보도를 접하면서 한 가지 이상한 점을 발견합니다. 여리고 성은 굳게 닫혔고 출입하는 자가 없었던 것입니다.

일반적으로 성을 지킬 때, 사람들이 모두 성안으로 들어가 문을 잠그고 적들이 성안으로 들어오지 못하게 하며 대항하는 것은 최후 항쟁 때에 사용하는 전술입니다. 일반적으로는 성안에서 충분히 휴식을 취하여 최상의 전투력을 갖춘 병사들을 성밖으로 내보내, 먼 길을 공격하러 오느라 지친 적군들이 미처 쉬기 전에 싸우는 것이 전투의 상식입니다. 그렇게 하는 것이 승산이 있을 뿐 아니라, 적군의 공격을 막는 최선의 방어였습니다.

그런데 이 여리고 사람들은 특이하게도 아예 다 성안으로 들어가서 문을 꼭 닫고, 이스라엘 백성들이 성에 들어오지 못하도록 하였습니다. 애초부터 공격은 포기하고 여리고 성을 방어하는 데에 총력을 기울인 것입니다. 과연 그들은 왜 그랬을까요?

그 대답은 간단합니다. 두려웠기 때문입니다. 이스라엘 백성들에게는 함께하시는 하나님이 계셨고, 늘 이스라엘을 도우시는 그분의 위대한 역사의 소문을 들은 까닭에 이스라엘은 여리고 백성들에게 두려운 존재가 되었습니다. 그들이 요단강을 기적적으로 건넌 일 역시 입에서 입으로 퍼져 온 여리고 성에 알려졌을 것입니다. 그리고 여리고 성에 퍼진 그 놀라운 소문은 광야 시절에 그들이 하나님과 동행하며 만들어 냈던 수많은 승리와 기적들에 관한 풍문에 보태어져, 싸움도 해보기 전에 여리고 백성들의 마음을 물같이 녹여 버렸습니다.

비록 하나님께서 만나를 내리시고 은혜를 베푸셨다고 하지만, 이스라엘 백성들은 무려 40년 동안을 광야를 헤매면서 살아온 사람들이었습니다. 그들은 패잔병과 다름없이 지치고 남루했으며, 이리저리 몰려다니는 난민과 다름없이 초라한 무리들이었습니다. 그러나 여리고 사람들은 이스라엘 백성들이 국경을 넘을 때에 두려움을 느꼈습니다.

이것이 바로 하나님께서 함께하시는 사람들이 가지는 영적 권세입니다. 세상의 눈으로 보기에는 보잘것없는 무리였지만, 그럼에도 불구하고 그들은 다른 사람들로 하여금 어떤 위엄과 권위를 느끼게 만들었습니다.

오늘날에도 마찬가지입니다. 하나님의 백성들은 이 어두운 세상에서 빛으로 드러나, 하나님 없이 살아가는 오만하고 패역한 무리들을 두려움으로 떨게 만들어야 합니다. 그리고 그렇게 세상을 무릎 꿇게 만드는 위대한 힘은 오직 하나님께서 동행하시는 데에서 비롯됩니다.

여러분, 우리는 이 이스라엘 백성들처럼 하나님께서 선택하신 사람들입니다. 그들에게 말씀하시던 하나님께서 오늘 우리에게 말씀하시며, 그들이 만났던 하나님을 우리도 만났습니다. 그리고 그들이 받았던 그 약속보다 더 크고 위대한 약속들을 지금 우리는 소유하고 있습니다. 그런데 과연 우리는 하나님께서 우리와 함께 하신다는 증거를 세상에 보여주고 있습니까?

하나님의 백성의 가장 영광스럽고 놀라운 특권은 하나님께서 함께하신다는 증거를 하나님을 믿지 않는 세상 속에 드러내는 것입니다. 세상은 패역하고 교만하여 하나님이 누구신지에 대해서 듣는 것만 가지고는 하나님 앞에 돌아오려 하지 않습니다. 그들에게 하나님께서 살아계시다는 혁혁한 증거를 보여주어야 할 사람들이 바로 우리입니다.

여리고 성이 무너진 것은

그런데 여리고 성이 무너진 이 사건은 이스라엘의 가나안 정복의 의미 외에도, 그 자체로서 매우 중요한 의미를 내포하고 있습니다.

첫째로, 이 사건은 하나님의 심판을 보여줍니다. 이 사건을 이스라엘 백성들에게 가나안을 주시려는 하나님의 은총에만 초점을 맞추어 해석하는 것은 잘못입니다. 이것은 가나안의 불의와 타락에 대한 하나님의 심판이기도 하기 때문입니다. 여리고 성, 아니 가나안 그 자체가 하나님께는 더 이상 용납할 수 없는 곳, 심판받아야 할 죄로 가득한 곳이었기 때문입니다.

하나님께서는 당신을 믿는 자들의 삶에 특별히 간섭하시지만, 하나님과 상관없는 자들도 다스리십니다. 그래서 역사를 보면 죄악이 가득 차 도저히 더 이상 두고 보는 것이 옳지 않다고 여겨질 때, 하나님께서 직접 개입하여 심판하십니다. 로마의 타락한 도시 폼페이를 베수비오 화산의 폭발로 묻어 버리신 것처럼 말입니다. 여리고 성의 몰락에는 그러한 심판의 의미가 담겨 있는 것입니다.

둘째로, 이 사건은 당신의 백성들을 보호하시는 하나님의 은혜를 보여줍니다. 고고학적인 발굴에 의하면, 이 여리고 성은 흔들리면서 무너져 내린 돌이 밖이 아니라 안쪽으로 쏟아져 들어가게 설계되어 있었습니다. 즉, 성을 무너뜨린 것은 벽을 허물어 이스라엘 백성들로 하여금 쳐들어가기 좋게 한 효과만 있었던 것이 아니라 여리고 성의 군사들을 돌더미 속에 파묻히게 하였던 것입니다.

여리고 성은 이처럼 이스라엘 백성들이 그 성에 들어가기 이전에 이미 폐허가 되어 있었습니다. 그런데 하나님께서는 이미 패배한 그 성의 사람들을 남녀노소를 불문하고 모두 죽이라고 명령하십니다.

여기에서 우리는 그 땅을 정결하게 하시려는 하나님의 마음을 읽게 됩니다. 그 마음은 이스라엘 백성들이 가나안 땅에서 하나님의 백성으로서의 정체성을 유지하며 살아가기를 원하시는 마음입니다. 그래서 하나님께서는 이스라엘 백성들의 유일신 신앙을 방해할 만한 소지가 있는 것은 아예 그곳에 남겨두지 않으시기로 작정하신 것입니다.

당시 여리고를 비롯한 가나안 땅에는 우상 숭배가 만연해 있었습니다. 그러므로 만약 여리고 성이 문화와 그 백성들이 건재한 가운데 이스라엘에게 자연스럽게 흡수되었다면 이스라엘의 유일신 신앙에 심각한 변질이 왔을 것입니다. 하나님께서는 이런 일들을 미연에 방지하기 위해 미리 조치를 취하신 것입니다.

역사적으로 보면, 이렇게 약속의 땅을 차지한 이스라엘 백성들은 우상 숭배의 죄로 인하여 망하고 맙니다. 그리고 그것은 그들이 가나안 땅을 정복하면서 진멸하도록 명령받은 원주민들을 살려

둔 것과 깊은 연관이 있습니다. 그들과 시간이 많이 흐른 후에 다시 교류를 하게 되면서 우상 숭배의 문화가 유입되었던 것입니다.

사실 당시 이스라엘 백성들에게는 무슨 문명이나 문화라고 할 만한 것이 거의 없었습니다. 정착하지 못하고 떠도는 광야 생활 때문이었습니다.

그런데 문제는 그들이 번영한 가나안에서 만나게 될 문화가 자칫하면 이제껏 믿어 온 그들 자신의 종교에 대해 열등감을 갖게 만들 수도 있었다는 것입니다. 왜냐하면 발달한 가나안의 문명과 함께, 그들이 경험한 적이 없는 농경 문화를 만날 것이었기 때문입니다.

그들이건 우리들이건 은혜 안에 거할 때는 괜찮지만, 은혜가 떨어지고 영적인 감각이 무뎌지기 시작하면 직접 가지고 다니면서 이것이 나를 지켜 준다고 자랑할 수 있는, 일단 눈으로 보기에 화려한 우상들이 대단하게 여겨지는 것입니다. 그리고 눈에 보이는 우상들을 보며 보여줄 만한 것이 없는 자신들의 종교를 열등하게 생각하게 되는 것입니다. 그들 안에 이러한 위험들이 도사리고 있었기 때문에, 결국 나중에 그들은 우상 숭배의 죄로 인해 망하고 맙니다.

하나님께서는 이스라엘의 이런 본성을 아셨기에, 위험을 방지하기 위해서 여리고 성을 무너뜨리셨고 그 백성들을 모두 죽이도록 명령하신 것입니다.

약속, 믿음, 그리고 순종

하지만 어쨌거나 지금 우리의 관심은 여리고 성이 무너지는 이 적적인 사건 자체에 있습니다. 하나님의 이 놀라운 기적에는 크게 세 가지 요인이 작용하였다고 볼 수 있습니다.

우선, 첫 번째 요인은 하나님의 약속입니다. 이스라엘 백성들에게는 "그 성을 내가 무너뜨려 주리라"라고 하는 하나님의 약속이 있었습니다. 하나님께서는 당신의 약속을 지키는 신실한 분이시기 때문에 이 일이 이루어진 것입니다.

그리고 두 번째 요인은 그 약속에 대한 믿음입니다. 그들에게는 하나님께서는 당신의 말을 반드시 이루실 거라고 하는 믿음이 있었습니다. 그런데 이 믿음은 단순한 심리적 확신과는 전혀 다른 것입니다. 자기가 소망하는 일이 이루어지리라는 확신을 품고 추호의 의심 없이 구한다고 해도 우리는 그것을 믿음이라고 보지 않습니다.

믿음이란 그런 맹목적인 확신이 아니라, 하나님의 성품을 경험하고 인간의 본질을 이해하는 데서 비롯되는 것이기 때문입니다. 믿음은 정신의 문제가 아니라 영혼의 문제입니다. 그러므로 머리로 철저하게 무언가를 확신한다고 해서 그것을 함부로 믿음이라고 정의할 수는 없습니다.

또한 믿음은 확률에 의존한 기대와도 틀립니다. 어떤 사람은 믿음을 설명하면, 이런 이야기를 하기도 합니다. "믿음 없이 어떻게 인생을 살 수 있겠느냐, 당장 면도만 하러 가더라도 이발사를 믿는 믿음이 없으면 어떻게 시퍼런 칼을 든 사람에게 목을 맡길 수 있겠느냐"라고 말입니다. 그런데 사실 이것은 믿음이 아니라 확률의 문제입니다. 즉, 이 사람은 이발사를 믿는 것이 아니라, 수많은 사람이 그렇게 면도칼 앞에 목을 맡겼지만 이발사의 손에 죽은 경우는 거의 없다는 확률을 의존하는 것입니다.

보십시오. 당시 이스라엘 백성들이 보여준 믿음은 심리적 확신도, 확률에 의존한 기대도 아니었습니다. 그것은 순수하고 확고한 믿음이었습니다. 그것은 하나님께서 주신 약속에 대한 믿음이었습니다.

이스라엘 백성들이 하나님으로부터 여리고 성을 자신들의 손에 붙이시겠다는 약속을 받았을 때는 그들의 마음이 하나님을 향한 열렬한 사랑으로 가득 차 있던 시기였습니다. 요단강을 건너며 하나님의 능력을 확신한 이스라엘 백성들은 전쟁을 눈앞에 두고도 하나님의 명령을 쫓아 할례를 받았습니다.

대적이 코앞에 있는데 할례를 행하는 것은 무모한 행동이었습니다. 할례받은 사람은 얼마동안 움직일 수 없었기 때문입니다. 그러나 그들에게는 하나님을 향한 절대적인 믿음이 있었기에 가능했던 일입니다. 그래서 그들은 여리고 성을 돌라는 터무니없어 보이는 명령에도 순종할 수 있었던 것입니다.

때때로 하나님께서는 이처럼 당신의 백성들에게 터무니없이 느껴지거나 무모해 보이는 일을 시키기도 하십니다. 그 백성들이 당신을 신뢰하는지를 시험해 보고 싶으시기 때문입니다. 사실, 믿음을 알아보기 위한 가장 좋은 방법은 믿음이 없이는 순종할 수 없는 것을 명하시는 것입니다.

예수님께서 베드로에게 물 위를 걸어오라고 하지 않으시고, 무언가 신뢰할 만한 도구를 주시며 건너오라고 하셨다면 베드로의 믿음을 확인할 수 없었을 것입니다. 참된 믿음이란 불가능해 보이는 일임에도 불구하고, 하나님의 말씀에 순종하는 것입니다. 우리의 사고로는 이해할 수 없지만, 그렇게 말씀하신 분이 하나님이시기에 그 분에 대한 신앙적인 신뢰감으로 믿는 것입니다. 사실 하나님의 말씀은 상황을 가지고 재려고 하면 답이 안 나오는 경우가 많은데, 그것은 하나님의 논리는 우리의 논리를 뛰어넘기 때문입니다. 논리적으로 이해가 되기 때문에 겨우 믿는 것은 논리적인 설복이지 믿음일 수 없습니다.

이스라엘 백성들은 자신들이 성을 도는 것과 무너지는 것 사이에 어떤 인과 관계가 있을지 해명할 수 없었습니다. 그러나 그들은 지시하신 하나님의 신실하심을 믿었습니다. 그리고 약속을 붙들고 하나님의 행하실 일을 기대하였습니다.

마지막 세 번째 요인은 완전한 순종입니다. 만약 믿기만 하고, 그 일을 위해서 주시는 명령을 실천하지 않았다면 이스라엘 백성들은 아무런 결과도 얻지 못했을 것입니다. 믿음이 믿음으로 인정받는 것은 온전한 순종을 통해서만 가능합니다. 믿기는 하되 순종하지 않는다면 그것은 단지 하나님의 능력에 대한 지적인 동의에 지나지 않을 것입니다.

아브라함이 믿음의 사람으로 인정받을 수 있었던 것은 이삭을 재물로 바치는 순종이 있었기 때문입니다. 즉, 순종이 믿음을 확증하는 것입니다. 이스라엘 백성들이 하나님의 약속을 굳게 믿었어도 하나님의 지시대로 행동하지 않았으면 그것은 하나님께서 하신 말씀에 동의한 것이지 믿은 것이라 볼 수 없을 것입니다. 그리고 그들은 당연히 이런 놀라운 일들을 경험하지 못했을 것입니다.

이스라엘 백성들이 여리고 성 앞에서 하나님의 놀라운 기적을 경험할 수 있었던 것은 그들이 실제 삶에서 하나님께 순종하였기 때문입니다.

일곱째 날의 약속

그런데 이스라엘 백성들이 순종하였던 하나님의 명령이 참 재미있습니다. 엿새 동안은 여리고 성을 한번씩 돌고, 7일째 되는 날에는 일곱 번을 돌라는 것이었습니다. 가만히 있다가 7일째 되는 날에만 가서 성을 돌고 소리를 지르면 될텐데 대체 하나님께서는 무슨 이유로 그 전에 6일 동안 성을 돌도록 명령하셨을까요?

이스라엘 백성들의 입장에서 한번 생각해 보십시오. 여리고 성은 작은 성이 아니어서 성을 한바퀴 도는 일은 생각처럼 수월한 일이 아니었을 것입니다. 더구나 그것은 성을 공격하거나 무너뜨리는 일과는 실제적인 연관이 없는 행동이었습니다.

그들의 마음에는 "이렇게 성을 돌기만 하는 것이 무슨 의미가 있을까", 분명히 이런 생각들이 스치고 지나갔을 것입니다. 그러나 그들은 하루도 어김없이 하나님의 명령에 순종했으며, 결국 7일째 하나님께서 위대한 방법으로 자신의 약속을 이루시는 것을 목격했습니다.

그렇습니다. 하나님께서 굳이 6일간을 수고하게 하시고 7일째에 기적을 이루신 것은 이스라엘 백성들의 신앙을 보고 싶으셨기 때문입니다.

이스라엘 백성들은 여리고 성을 무너뜨려 주겠다는 하나님의 약속이 이루어질 것을 기대하며 성을 돌았습니다. 그런데 하루가 지나고 이틀이 지나도 성은 그대로 있었습니다. 매일 매일 조금씩 성에 금이 가는 것이 보였다거나, 부스러진 돌가루가 떨어졌다거나 했다면 그 도는 발걸음이 더욱 힘이 났으련만 무심하게도 여리고 성은 6일을 도는 동안 아무 미동도 없이 그대로 서 있었습니다. 눈으로는 아무런 증거도 보이지 않았던 것입니다.

이것은 이스라엘 백성들의 입장에서 볼 때, 정말 허무하고 힘 빠지는 일이 아닐 수 없었습니다. 그러나 그들은 의심하지 않고 계속 믿음으로 순종했습니다. 그들에게는 눈으로 보이는 물리적인 증거가 없다는 것이 하나님을 향한 믿음을 훼손시킬 만한 이유가 될 수 없었기 때문입니다.

사실, 눈으로 보이는 부분과 영적인 부분은 일치하지 않는 경우가 더 많습니다. 이 여리고 성의 경우만 하더라도 눈으로 보기에는 6일 동안 아무 일도 일어나지 않은 것처럼 여겨질지 모르지만, 영적인 측면에서는 하루하루 이스라엘 백성들의 순종으로 인해 금이 가고 있었던 것입니다.

세상 만사가 다 그렇듯이 신앙의 세계에서도 하루아침에 이루어지는 일은 결코 없습니다. 그것이 귀하고 값질수록 획득하는 과정은 길고 어렵습니다.

깊은 기도의 세계를 갖는 것도, 말씀에 대한 심오한 이해를 갖는 것도, 하나님과 친밀한 교통 가운데 거하는 것도, 거룩한 삶을 살아가는 것도 모두 하루아침에 이루어지는 것이 아니라 지루하고 힘든 선한 싸움의 과정을 통해 이룩되는 것입니다.

다른 사람들 보기에는 어느 날 갑자기 은혜를 받아서 거룩한 십자로 변한 것처럼 느껴질지 모르지만, 결코 그렇지 않습니다. 하나님이 그렇게 역사하시는 분이라면 이스라엘 백성들도 6일동안 애써 여리고 성을 돌지 않고, 안전한 곳에서 잘 먹고 잘 쉬다가 7일째 되는 그날에만 성으로 가면 되었을 것입니다.

사람의 시선은 결과만을 주목하지만 하나님의 시선은 과정 하나까지도 놓치지 않습니다. 따라서 무언가 하나님으로부터 기대하는 바가 있다면 먼저 그것을 추구하는 과정을 가지고 하나님을 감동시켜야 합니다.

헌신의 과정 없이 결과만을 탐하는 것은 하나님 보시기에 게으름이요, 악함입니다. 그것은 아무 노력도 하지 않은 채, 감나무 밑에 누워서 입을 벌리고 감 떨어지기만을 기다리는 사람과도 같습니다.

우리에게도 각자 하나님을 향해 무언가 기대하는 바가 있습니다. 우리는 모두 그 소망이 우리의 삶에서 실현되기를 손꼽아 기다립니다. 그런데 문제는 과정을 지나는 우리의 태도가 결과를 바라는 기대만큼 열렬하지 못한 데 있습니다.

여리고 성이 무너지기까지는 이스라엘 백성들의 7일간의 순종이 있었습니다. 그리고 그 7일 중의 6일은 믿음으로 기다려야 했던 인고와 순종의 날이었습니다. 하나님을 향한 우리의 기대들도 실현되는 그날까지 이러한 인고와 순종을 필요로 합니다.

그런데 이상하게도 우리는 기도의 응답은 바라면서도 늘 그런 인고의 과정을 견디지 못해 합니다. 믿음이 없기 때문입니다. 사람들의 솔직한 심정은 첫째 날에서 여섯째 날까지는 참여하고 싶지 않고, 7일째 그것도 일곱 바퀴를 다 돌고 났을 때 양각 나팔 소리가 울리는 바로 그 순간에만 참여하고 싶은 것입니다.

그렇지만 기억하십시오. 하나님의 기적적인 역사는 눈으로 볼 때 하루아침에 이루어지는 것 같지만, 사실은 오랫동안 믿음이 쌓이고 쌓여서 이루어지는 것입니다.

때때로 우리는 순간의 짧은 기도로 단번에 문제를 해결하는 사람들을 봅니다. 그런 사람들에게는 마치 하나님께서 다 준비해 놓으시고 오직 그 사람이 기도하기만을 기다리셨던 것처럼 기도하자마자 놀라운 능력이 나타납니다.

우리는 그런 사람들을 보며 강한 부러움과 질투를 느끼게 됩니다. "왜 저 사람에게는 저렇게 금방 응답하시면서 내 기도에는 묵묵부답이십니까" 하고 불평하기도 하면서 말입니다. 그렇습니다. 이것은 그 응답의 순간만을 놓고 본다면 결코 이해할 수 없는 문제입니다. 그러나 그 응답의 순간에 이르기까지의 과정을 살펴본다면 차이는 확연하게 드러납니다.

그래서 짧은 기도로 하나님의 큰 능력을 보는 사람은 반드시 오랜 동안 깊은 기도로 살아왔던 사람입니다.

결국 여리고 성 앞에서의 6일은 크고 위대한 능력의 일곱째 날을 위한 준비였던 것입니다. 여러분, 아직도 과정은 싫고 그 큰 이적과 큰 권능만 보기 원하십니까? 과정 없이 그것이 가능하다고 생각하십니까?

활짝 핀 아름다운 국화가 보고 싶다면, 봄부터 정성껏 그 꽃이

피기까지 키워 나가야 합니다. 키우는 수고가 싫은 사람은 평생 아름답게 핀 남의 국화 앞만을 기웃거리며 부러워할 뿐, 자신의 국화가 활짝 피는 것은 결코 보지 못할 것입니다.

새벽에 무너지다

결국 7일째 되던 날, 하나님의 약속대로 여리고 성이 무너졌습니다. 그런데 여기서 우리는 이스라엘 백성들이 하나님의 명령을 쫓은 시간에 주목해야 합니다.

첫날부터 마지막 일곱째 날까지 이스라엘 백성들이 여리고 성을 돈 것은 다른 시간이 아니라 아침에 일어나자마자, 아침 일찍이, 바로 새벽 시간이었습니다.

그리고 이 대목이 오늘을 사는 우리에게도 결정적인 도전이 됩니다. 철옹성과 같은 여리고 성을 무너뜨리기 위해 이스라엘 백성들은 매일 새벽을 하나님께 드렸습니다.

우리에게도 이 치열한 삶의 현장에 무너지지 않는 큰 성이 있습니다. 너무나 크고 높아서, 하나님의 약속을 의지하여 공격하기보다는 숙명처럼 그 아래서 비굴하게 살아가게 하는 성이 있습니다.

이제껏 살았던 수치스럽고 비굴한 삶의 궁극적인 원인인 여리고 성, 여러분의 여리고 성은 무엇입니까?

여러분은 그 성의 무너짐을 꼭 보아야 합니다. 그래야 보다 넓은 은혜의 세계를 향하여 나아가 누릴 수 있습니다.

하나님께서는 지금 여리고 성의 교훈을 통해 그 난공불락의 성을 허무는 방법을 우리에게 일러주셨습니다. 성을 무너뜨리고 싶다면 새벽에 나가 믿음으로 그 성을 도십시오.

여러분에게 여리고 성은 무엇입니까? 어쩌면 도무지 변화되지 않는 여러분 자신일 수도 있고, 구원받지 못한 여러분의 가족일 수도 있으며, 벽에 부딪힌 사업상의 위기나 스스로 어찌할 수 없는 건강이나 학업 성취의 문제일 수도 있습니다.

그러나 그것이 무엇이든지 필요한 것은 오직 하나입니다. 하나님의 위대한 능력이 거기에 나타나는 것입니다. 이제껏 극복할 수 없었던 상황을 극복하게 하시고, 넘을 수 없던 벽을 넘게 하시는 위대한 하나님의 역사가 나타나는 것입니다.

여호수아와 이스라엘 백성들은 새벽에 그 위대한 일을 기대하며 하나님의 명령을 따라 여리고 성을 돌았습니다. 믿음으로 그 일을 시작하였고 기도하는 마음으로 순종하였습니다.

새벽의 사람들을 축복하시던 날에 그들은 하나님의 위대한 일을 목격할 수 있었습니다. 하나님께서는 지금도 당신의 위대함을 목격할 새벽의 사람들을 찾고 계십니다.

2

승리의 하나님
확실한 패배 앞에서

새벽 | 기도 | 의 | 사람들

"하나님이 그 성중에 거하시매 성이 요동치 아니할 것이라
새벽에 하나님이 도우시리로다"

(시 46:5)

"이 밤에 여호와의 사자가 나와서
앗수르 진에서 군사 십팔만 오천을 친지라
아침에 일찌기 일어나 보니 다 송장이 되었더라"

(왕하 19:35)

02

승리의 하나님:
확실한 패배 앞에서
- 히스기야

히스기야가 승리의 새벽을 맞을 수 있었던 것은
절망의 밤을 기도로 보냈기 때문입니다.
지금 혹시 절망의 시기를 지나고 계십니까?
우리 앞에 던져지는 고통과 절망들은 기도하라는 하나님의 격려일 뿐입니다.

본문의 배경

많은 구약학자들은 시편 46편이 앗수르가 예루살렘 성을 포위하고 히스기야 왕 치세의 유다를 공격했던 시기를 배경으로 기록되었다고 추측합니다. 그 때에 거둔 기념비적인 승리를 회고하며 지은 시라고 생각하는 것입니다.

이러한 사실을 확신하게 하는 구절이 나옵니다. "하나님이 그 성 중에 거하시매 성이 요동치 아니할 것이라 새벽에 하나님이 도우시리로다."

주전 8세기경, 앗수르는 여러 번에 걸쳐 이스라엘 및 유다를 침공합니다. 본장에서 다루고자 하는 히스기야 통치 14년경의 앗수르의 유다 침공도 그 중의 하나입니다. 이 앗수르는 우리가 역사 시간에 배웠던 아시리아로, 북방에 있는 매우 크고 강성한 민족이었습니다.

그들은 전략적으로 남하 정책을 추진하고 있었습니다. 따라서 이스라엘이 있던 팔레스타인은 애굽 쪽으로 남하하고자 하는 그들에게 있어서는 전략적으로 너무나 탐나는 지역이었습니다. 그래서 그들은 이스라엘 백성들을 괴롭혔고, 결국 주전 722년에 이르러서는 북왕국 이스라엘을 완전히 정복합니다.

심판하시는 하나님

표면적으로 보자면, 이 사건은 강력한 군사력을 가진 신흥 맹주

국가가 주변에 있는 작은 나라 하나를 정복한 것에 지나지 않지만, 신앙적인 입장에서 보면, 북왕국 이스라엘의 거듭되는 불순종에 대한 하나님의 심판을 보여준 사건이었습니다. 그 동안 북왕국 이스라엘이 범했던 불순종과 우상 숭배의 죄악에 대한 하나님의 심판이었습니다.

거듭되는 경고에도 불구하고 극악한 불의와 우상 숭배로 치달았던 배반의 역사에 대한 심판이었으며, 하나님께서는 이 사건을 통하여 남은 나라, 유다를 경고하고 싶으셨던 것입니다.

앗수르가 북왕국 이스라엘을 지배하면서 지속적으로 추진하였던 정책은 국제화였습니다. 이 국제화 정책은 앗수르를 비롯한 이방 지역의 이주민들을 불러들여 수도인 사마리아에서 살게 하고 사마리아 사람들을 외부로 강제 이주시켜 혼혈을 조장하였습니다.

신약 시대에 들어와서 이스라엘 백성들이 사마리아를 부정한 땅으로 여긴 것도 바로 이러한 역사적 배경 때문이었습니다.

어쨌든 이렇게 북왕국 이스라엘을 패망시킨 앗수르는 거기에 만족하지 않고 파죽지세로 남왕국 유다를 공격하기 시작합니다. 그리고 드디어 남왕국 유다의 여러 성들을 정복하고 예루살렘 성마저 포위하기에 이릅니다.

사실 말이 전쟁이지 이미 남왕국 유다는 북왕국 이스라엘의 멸망으로 인하여 전의를 거의 상실한 상태였습니다. 반면에 앗수르 군대는 거듭되는 승전으로 사기가 오를 대로 올라 있었습니다. 모든 정황으로 미루어 보건대, 남왕국 유다의 패배는 불을 보듯 자명했습니다.

그런데 그 때 남왕국 유다에는 이스라엘 역사에 길이 빛나는 신앙의 사람이 왕위에 있었으니 그가 바로 히스기야 왕입니다.

그는 경건한 왕이었으나 예루살렘 성이 앗수르 군대에게 포위되는 이 절대절명의 순간까지 온갖 패배와 모욕에 시달려야만 했습니다. 그가 출중한 신앙 인격을 가진 믿음의 사람이었음에도 불구하고 말입니다.

그는 전선에서 수세에 몰렸고, 백성들과 자기를 이간질시키는 앗수르 장군의 모욕적인 언사를 들어야 했습니다. 사기를 잃은 히스기야의 군대를 향한 랍사게의 언사는 견디기 힘든 모독이었습니다.

"너희는 히스기야에게 고하라 대왕 앗수르 왕의 말씀이 너의 의뢰하는 이 의뢰가 무엇이냐 네가 싸울 만한 계교와 용력이 있다고 한다마는 이는 입에 붙은 말 뿐이라 네가 이제 누구를 의뢰하고 나를 반역하였느냐 이제 네가 저 상한 갈대 지팡이 애굽을 의뢰하도다 사람이 그것을 의지하면 그 손에 찔려 들어갈지라 애굽 왕 바로는 무릇 의뢰하는 자에게 이와 같으니라 너희가 혹시 내게 이르기를 우리는 우리 하나님 여호와를 의뢰하노라 하리라마는 히스기야가 여호와의 산당과 제단을 제하고 유다와 예루살렘 사람에게 명하기를 예루살렘 이 단 앞에서만 숭배하라 하지 아니하였느냐 하셨나니 이제 너는 내 주 앗수르 왕과 내기하라 네가 만일 그 말 탈 사람을 낼 수 있다면 나는 네게 말 이천 필을 주리라 네가 어찌 내 주의 신복 중 지극히 작은 장관 하나인들 물리치며 애굽을 의뢰하고 그 병거와 기병을 얻을 듯하냐 내가 어찌 여호와의 뜻이 아니고야 이제 이곳을 멸하러 올라왔겠느냐 여호와께서 전에 내게 이르시기를 이 땅으로 올라와서 쳐서 멸하라 하셨느니라"(왕하 18:19-25).

앗수르의 군대는 승리를 확신하고 있었고 유다의 군대는 두려움에 사로잡혀 있었습니다. 그러나 히스기야는 상황에 상관없이 온전히 하나님을 의뢰하였습니다. 그것은 믿음이었습니다.

하나님께서는 그에게 전쟁이 여호와께 속한 것임을 장엄하게 드러내 보여주셨습니다. 결국 히스기야의 군대는 어느 날 새벽, 승리를 주시는 전능하신 하나님을 경험하게 되었습니다.

승리의 새벽

군사적 열세에도 불구하고 히스기야는 타협하지 않고 신앙에 입각하여 반앗수르 정책을 고수하였습니다. 그리고 하나님께서 모욕받으시는 것을 애통해 하며 선지자 이사야의 권고에 따라 전심으로 기도하였습니다. 반복되는 패배와 위기에도 불구하고 그는 끝까지 하나님만을 의지하는 자세를 견지했던 것입니다.

결국 하나님께서는 히스기야의 기도를 열납하시고 유다 왕국의 손을 들어 주셨습니다. 그것도 아주 놀랍고 경이적인 방법으로 말입니다.

앗수르 군대에게 포위된 채, 언제 닥쳐올지 모르는 공격을 두려워하며 예루살렘 성 안에서 밤을 지새운 히스기야 왕과 백성들은 이튿날 아침 놀라운 광경을 목도하게 됩니다.

아침 일찍, 시편에서는 새벽이라고 나오는데 그 이른 아침에 나아가서 성 주위를 보니 예루살렘 성을 포위하고 있던 18만 5천 명의 군사들이 모두 시체가 되어 누워 있었습니다.

하루 전까지만 해도 기세등등하게 예루살렘 성을 위협하던 적들이 하루아침에 송장더미로 변한 것입니다.

그 새벽에 자명했던 패배는 경이적인 승리로 바뀌었습니다. 하나님께서는 당신의 백성들에게 목숨만을 구해 주신 것이 아니라, 엄습하는 적들을 멸하시는 놀라운 승리의 감격까지 허락하셨던 것입니다.

시편의 본문은 바로 이 광경을 기억한 시인의 감격적인 고백입니다. "여호와 하나님이 성중에 계시니 성이 요동치 아니할 것이다. 새벽에 하나님이 도와주시리라."

밤새 전쟁의 두려움과 위협 속에서 떨다가 이른 아침 마음 졸이며 나와 성 주위를 살펴보았을 때 그들은 북왕국 이스라엘을 멸망시켰던 강력한 군대가 졸지에 죽어서 시체로 변한 것을 발견하였습니다.

그 새벽, 성밖을 내다보던 예루살렘 성의 백성들이 예상한 것은 공격 준비를 모두 마친 채 기세등등하게 도열해 있는 앗수르 군대의 모습이었을 것입니다. 그러나 예상과 달리 살기를 띤 대적들이 서 있어야 할 그 자리에는 참혹한 송장들만이 산을 이루고 있었습니다. 이 광경을 보면서 이스라엘 백성들은 어떤 마음을 가졌을까요?

도저히 해결 방안이 없었던 최악의 상황이 한순간에 역전되는 것을 보며 그들이 느낀 것은 하나님의 전능하심이었습니다. 그리고 하나님을 의뢰하며 사는 삶의 우월함에 대한 인식이었습니다.

인생의 밤을 지나십니까?

우리 인생에도 절대절명의 위기는 닥쳐옵니다. 벼랑 끝에 선 것처럼 위태롭던 시기를 여러분도 겪었을 것이며, 또 앞으로도 겪을 것입니다. 힘쓰고 애를 쓴다고 할지라도 내 힘으로는 도저히 해결되어지지 않는 문제와, 성실하게 노력하고 주위의 많은 사람들로부터 도움을 구하는 데도 도무지 극복되어지지 않는 어려움이 우리에게도 몰려올 것입니다.

아니 어쩌면 지금 우리가 그 위기의 한가운데 서 있는지도 모릅니다. 그것은 우리 안에서 시작된 것일 수도 있고 우리 밖에서 시작된 것일 수도 있습니다. 그것은 또 우리의 죄 때문에 시작된 것일 수도 있고 혹은 우리의 죄와는 상관이 없이 어떤 섭리 속에서 시작된 것일 수도 있습니다. 그 고통의 원인이 무엇이든지 우리 모두에게는 아침에 눈을 뜨기 싫을 만치 고통스런 시련의 때가 있다는 것입니다.

저도 짧은 인생을 사는데, 왜 사는 동안 이렇게 많은 시련과 아픔을 겪어야만 하는 것인지 참 이해하기 힘들었습니다. 그런데 어느 순간부터인가 고생스럽게 인생을 살아온 것에 대해, 그리고 지금도 고생스럽게 인생을 살아가는 것에 대해 하나님 앞에 감사하는 마음이 생기기 시작했습니다.

우리 인생의 쓰라림은 다른 사람들의 눈물을 이해하는 데 도움을 줄 뿐 아니라, 하나님만을 붙들고 살아가게 하는 데도 결정적인 역할을 합니다. 길다면 길고 짧다면 짧은 지금까지의 인생을 통해 내린 하나의 결론은 절망 속에서 두려워 해본 적이 없는 사람은 희망의 한줄기 빛이 얼마나 소중한지 알 수 없다는 것입니다.

아무도 도울 길이 없는 캄캄한 인생의 바다에서 항로를 잃고 헤맬 때의 두려움을 모르는 사람들, 그리고 절망에 휩싸여 목숨을 버리려는 것보다 그 절망을 견디며 살려는 일이 사실은 더 큰 용기를 필요로 하는 일임을 경험해 보지 못한 사람들은 한줄기 희망이 얼마나 가치 있는 것인지 모릅니다.

그래서 인생의 쓰라림과 어두움을 제대로 모르는 사람들에게는 예수님께서 보여주신 구원에의 희망 역시 하잘것없이 여겨지는 것입니다.

유다 백성들의 경우를 생각해 보십시오. 강력한 앗수르 군대에 에워싸여 성문을 열 수도 없고 피할 수도 없게 된 절망적인 상황 속에서 그들은 밤을 보냈습니다.

이제 이 밤이 지나고 나면, 앗수르 군대가 성을 넘거나 성문을 불태우고 안으로 들이닥칠 것이었습니다. 그들 자신은 물론이고 사랑하는 가족들과 이웃들이 칼로 도륙당하고 정든 예루살렘 성은 피로 물들 것이었습니다. 혹시 살아남는다 해도 노예가 되어 개처럼 끌려갈지도 모르고, 입에 담기 어려운 치욕을 당하게 될지도 모릅니다.

그 어두운 밤 동안, 그들의 육신은 잠시 평안을 누리고 있었지만 정신은 이미 철저한 절망과 공포의 한가운데를 걷고 있었을 것입니다.

그러나 그들에게 그러한 절망의 밤이 있었기에 새벽에 목격한 그 승리가 진정 기쁜 소식이 될 수 있었습니다. 그들에게 그러한 절망의 밤이 없었다면, 이튿날 새벽의 이 놀라운 승리는 조금도 감격스러운 일이 아니었을 것입니다.

절망과 고통이라 할지라도 그것을 믿음 안에서 누린다면, 우리에게 희망과 감격의 통로가 됩니다. 하나님께서 함께하시기만 한다면 아무리 어둡고 험한 골짜기라 할지라도 은혜로 점철된 길이 되기 때문입니다.

따라서 우리는 상황이 주는 절망이 크면 클수록, 마주한 문제가 어려우면 어려울수록 주님께 매달려야 합니다. 하나님께서 더 큰 은혜로 우리를 도우실 것이고, 우리는 더 큰 감격으로 주님을 찬양하게 될 것이기 때문입니다.

그 두려움이 변하여 내 기도 되었고

전날의 한숨 변하여 내 노래 되었네

주님을 찬송하면서 할렐루야 할렐루야

내 앞길 멀고 험해도 나 주님만 따라가리.

인간의 최선을 능가하는 하나님의 개입

 지금처럼 전쟁 병기가 비약적으로 발달한 시대에야 전후방이 따로 없지만, 그 당시만 하여도 성이야말로 가장 강력한 방어 수단이었습니다. 그래서 큰 나라일수록 성을 높고 견고하게 쌓았습니다. 당시에는 성벽을 두텁게 하고 성문을 튼튼하게 하는 것이야말로 적군을 막는 최상의 방비책이었기 때문입니다. 유다도 예외는 아니었습니다. 유다 왕국은 예루살렘 성을 튼튼하게 쌓아 적군의 침입으로부터 자신을 지키려고 했습니다. 그러나 그것만으로는 충분하지 않았습니다.

 본문에 나타난 시인의 고백은 진정한 안전을 위해서는 단지 성만으로는 충분하지 않다는 것을 깨달은 데에서 기인합니다. 소돔과 고모라 성이나 여리고 성 같은 경우에도 결코 성이 약하거나 높지 않았기 때문에 무너진 것이 아니었습니다. 하나님께서 심판하고자 작정하셨기에 무너졌습니다.

성이 안전한 것도 마찬가지입니다. 성 자체의 견고함도 무시할 수 없는 문제지만, 보다 중요한 것은 하나님께서 함께하시는 것입니다.

시편 46편을 기록한 시인에게는 이스라엘의 역사를 보며 생긴 올바른 안목이 있었습니다. 그는 역사 속에서 적군의 수많은 성들을 무너뜨리기도 하고 또 적군 앞에 성이 무너져 무릎을 꿇기도 했던 것들을 보며, 성만으로는 충분하지 않고 성이 요동치 않고 서 있기 위해서는 그 성중에 여호와 하나님께서 함께하셔야 한다는 사실을 깊이 인식하게 되었습니다.

그래서 시인은 또 다른 곳에서 이런 고백을 합니다. "여호와께서 성을 지키지 아니하시면 파숫군의 경성함이 허사로다"(시 127:1).

하나님께서 함께해 주시는 것 이상의 방책은 없습니다. 이 말은 곧 하나님께서 함께해 주시지 않는다면 그 아무리 대단한 방책이라 해도 소용이 없다는 것입니다. 유다와는 비교가 되지 않는 막강한 군사력과 진보된 장비를 보유했던 앗수르가 예루살렘 성 앞에서 몰살된 것이 바로 그 증거입니다.

인간적인 수단과 방법은 그 자체로 아무리 훌륭해 보인다고 할지라도 하나님의 개입 앞에서는 한낱 부질없는 것이 되고 맙니다. 그래서 우리는 인간적인 방법과 수단을 붙들 것이 아니라, 하나님만을 의지하며 살아야 합니다.

완벽한 도움

그런데 이 사건을 살펴보다 보면 몇 가지 궁금증이 생겨납니다. 바로 하나님께서는 왜 남왕국 유다를 도와주셨을까 하는 것과, 그러면 도대체 하나님께서는 어떻게 도와주신 것일까 하는 것입니다.

그러면 먼저 하나님께서는 어떻게 도와주셨을까요? 성경은 여호와의 사자가 나와 앗수르 진영의 군사들을 쳤다고 증언합니다. 하나님께서는 그 밤 사이에 당신의 사자를 앗수르 진영으로 보내셨고, 그 사자로 하여금 앗수르의 군사들을 모두 죽이게 하신 것입니다.

이 사건에 대해서는 구체적인 기록이나 목격자의 증언이 남아있지 않기에 우리는 앗수르 병사들이 어떤 방식으로 죽음에 이르렀는지 정확하게 알 수 없습니다. 그리고 사실 이 문제는 그다지 중요하지 않습니다.

여기에서 우리가 정말로 주목하여야 할 점은 어떻게 죽이셨는가가 아니라, 죽이셨다는 사실 그 자체이기 때문입니다.

하나님께서는 왜 굳이 앗수르 병사들을 모두 죽이셨을까요? 그 병사들로 하여금 전염병에 걸려 후퇴하게 하였거나 잠시 기절만 시키셨더라도 하나님의 전능하심을 모두 느꼈을텐데 하나님께서 몰살이라는 극단적인 방법을 사용하였습니다. 이 사실을 통해 우리는 하나님의 도우심이 지니는 중요한 특성 하나를 발견하게 되는데, 그것은 바로 "완전함"입니다.

그들을 단지 기절만 시켰더라면 잠시 후 기력을 회복하고 나서 다시 덤벼들었을 것입니다. 반쯤만 진멸시키셨더라도 나머지 반이 남아 예루살렘 성을 위협했을 것입니다.

그래서 하나님께서는 깃발을 든 기수부터 시작해서 전쟁을 진두 지휘하는 장군까지, 물통을 들고 쫓아다니는 보급병에 이르기까지 모두 쳐서 진멸시키셨습니다.

하나님의 도움은 언제나 이렇게 완벽합니다. 잠시 시간을 버는 간계가 아니라, 문제의 근원 자체를 완전히 제거하는 완벽한 도움입니다.

때때로 어떤 문제가 있을 때, 인간의 몸부림이 그 문제를 상당 부분 해결하기도 합니다. 그러나 인간의 방법으로는 근원적으로 해결할 수 없습니다. 문제의 근원적인 해결은 하나님 아니면 안 되는 것입니다.

가끔 뉴스를 통해 바다 건너 나라들에서 일어나는 엄청난 산불 소식을 접할 때가 있습니다. 운 좋게 초기에 발견하여 조기 진압하지 않는 이상, 한번 번지기 시작한 대형 산불은 진압이 불가능해집니다. 이렇게 문명이 발달해도 이 문제에는 아무 대책이 없습니다. 두 달, 석 달, 길면 무려 6개월 이상을 불타오르는 거대한 산불 앞에서는 기술도 과학도 소용이 없습니다. 아무리 성능 좋은 헬기가 몇 톤씩 물을 날라다 뿌려도 워낙 불길이 거세고 불타는 지역이 넓은 탓에 별반 도움이 안 됩니다.

그런 경우의 유일한 해결책은 바로 하늘을 열고 쏟아져 내리는 소나기뿐입니다. 비가 쏟아지기 시작하면 몇 주 동안 수십 대의 헬기가 물을 퍼 날라도 잡을 수 없던 불길이 잡히기 시작합니다.

우리의 문제도 이런 산불과 같습니다. 하늘로부터 내려오는 도움이 아니고서는 근본적인 해결이 불가능합니다. 인간적인 방법들이나 인간의 몸부림치는 노력이 도움이 되는 것은 사실이나 그것만으로는 충분하지 않습니다.

문제의 완전한 해결은 원한다면, 인간적인 방법에 의지하지 마십시오. 완전한 도우심은 하나님으로부터 오는 것입니다. 우리의 삶을 에워싸고 있는 수많은 대적들이 어느 날 아침 일어나 보니 완벽하게 진멸되어 있는 것을 보고 싶지 않으십니까?

그러한 위대한 광경이 보고 싶다면 하나님께 그 문제를 의뢰하십시오. 그러한 도움은 오직 하나님으로부터만 비롯됩니다.

도우심의 이유

그런데 우리에게는 아직도 한 가지 의문이 더 남아 있습니다. 바로 왜 하나님께서는 남 왕국 유다를 도우셨는가 하는 문제입니다. 이 일은 북왕국 이스라엘이 앗수르에게 멸망되고 불과 얼마 되지 않은 때에 일어나는 일입니다.

북왕국 이스라엘이 패망하고 사마리아가 앗수르에게 점령당하는 것을 지켜보셨던 하나님께서 이번에는 적극적으로 개입하셨습니다.

이것은 바로 히스기야의 기도 때문이었습니다. 열왕기하 19장은 히스기야의 기도를 자세히 기록합니다.

"히스기야가 사자의 손에서 편지를 받아 보고 여호와의 전에 올라가서 그 편지를 여호와 앞에 펴놓고 그 앞에서 기도하여 가로되 그룹들 위에 계신 이스라엘의 하나님 여호와여 주는 천하만국에 홀로 하나님이시라 주께서 천지를 조성하셨나이다 여호와여 귀를 기울여 들으소서 여호와여 눈을 떠서 보시옵소서 산헤립이 사신 하나님을 훼방하러 보낸 말을 들으시옵소서 여호와여 앗수르 열왕이 과연 열방과 그 땅을 황폐케 하고 또 그 신들을 불에 던졌사오니 이는 저희가 신이 아니요 사람의 손으로 지은 것 곧 나무와 돌뿐이므로 멸하였나이다 우리 하나님 여호와여 원컨대 이제 우리를 그 손에서 구원하옵소서 그리하시면 천하만국이 주 여호와는 홀로 하나님이신 줄 알리이다"(왕하 19:14-19).

그는 이렇게 하나님의 전에 올라가서 간절히 기도했습니다. 위기의 순간에 적과의 굴욕적인 화해를 택하는 대신에 전능하신 하나님께 매달렸습니다. 왕이 아니라 어린아이처럼 울며 매달렸습니다. 더 큰 왕이신 하나님께 기도하였습니다.

물러설 수 없는 불퇴전의 마음으로 하나님의 은혜의 보좌를 바라보았습니다. 숙명처럼 확정된 패배 앞에서 하나님의 개입을 간구하였습니다. 하나님의 이름이 열방 중에서 빛나도록, 당신의 명예를 위해서라도 도와주시기를 기도하였습니다. 그리고 어린아이처럼 매달리는 히스기야의 기도는 결국 하나님을 움직였습니다.

진정한 기도의 자세

저는 인생의 위기를 만날 때면 종종 이 히스기야의 기도를 생각합니다. 하나님 앞에 매달려서 성을 에워싸고 있는 앗수르의 군대를 물리쳐 달라고 기도할 때, 그는 한 나라의 왕이었습니다. 그러나 기도하던 그 순간의 히스기야를 상상해 보십시오. 지존하신 하나님 앞에 엎드려 울며 매달리며 민족을 구원해 달라고 간구할 때, 그는 왕이 아니었습니다. 기도하던 순간만큼은 그는 그저 어린아이에 불과하였습니다. 아버지이신 하나님께서 붙들어 주시지 않으면 번잡한 거리에 버려진 미아처럼 입술이 새파랗게 질린 채 울 수밖에 없는 어린아이였습니다.

이것이야말로 진정한 기도의 자세입니다. 내가 쌓아 온 인생의 경력, 신앙의 경험, 내가 가지고 있는 물질, 나를 도울 수 있는 수많은 사람들에 대한 기대, 이런 것들은 우리를 하나님 앞에 매달리게 하지 못할 하등의 이유가 될 수 없습니다. 그러한 것들이 하나님께 매달리는 것을 방해할 이유가 될 수 있다면 그는 신앙의 사람일 수 없습니다.

히스기야는 자신을 도울 수 있는 분이 오직 하나님밖에 없으며, 그 하나님 말고는 숙명처럼 확정된 패배의 상황을 뒤집을 수 있는 분이 없다고 믿었습니다.

그는 절망적인 상황만큼이나 뼈저리게 가난한 마음으로 하나님께 매달렸습니다. 그의 시선은 오직 하나님을 향하고 있었고, 상황이 절망적일수록 보좌를 바라보는 두 눈은 불탔습니다. 그는 자기에게 충성하는 부하나 우방이 될 만한 주변 국가들에 희망을 걸지 않았습니다. 그는 자기의 기도를 들으시는 하나님께 모든 소망을 걸었습니다.

기도 속에 응답하시는 그 살아계신 하나님의 개입을 꿈꾸며 눈물로 기도하였습니다. 그는 자신도 어찌할 수 없는 위기 상황을 알리는 치욕적인 외교 문서를 놓고, 마지막 기도인 것처럼 하나님께 간절히 매달렸습니다.

그에게는 하나님께서 그 상황을 뛰어넘는 권능으로 자신을 도우실 것이라는 확신이 있었습니다. 그리고 절박한 상황 속에서 그러한 굳건한 믿음을 유지하며 기도하는 히스기야를 하나님께서는 결코 외면할 수 없으셨습니다.

성경에 나타난 하나님의 수많은 이적적인 도우심을 자세히 관찰하며 느끼는 것은 우연히 생긴 기적이란 없다는 것입니다. 남들에게는 그저 기적일 뿐이지만, 그 일을 위해 하나님께 매달린 당사자에게 그것은 기적이 아니라 필연이었습니다. 그 기적은 절망의 어두운 밤을 믿음의 기도로 지낸 사람이 있었기 때문에 이루어진 것입니다.

기적의 새벽을 기다리며

히스기야가 이처럼 기적의 새벽을 맞을 수 있었던 것은 절망의 밤을 기도로 보냈기 때문입니다. 지금 혹시 절망의 시기를 지나고 계십니까?

우리 앞에 던져지는 고통과 절망들은 기도하라는 하나님의 경고일 뿐입니다. 문제는 그 절망과 고통을 가지고 기도하느냐, 그렇지 않으면 그저 주어진 절망에 순응하며 고통받으며 살아가느냐를 결정하는 것이지 다른 무엇이 아닙니다.

절망의 밤을 히스기야처럼 기도로 보낸 사람에게만 새벽이 찾아오는 것이 아닙니다. 절망의 밤을 원망과 슬픔과 무기력한 태만으로 보낸 사람에게도 새벽은 찾아옵니다. 하지만 두 새벽은 다릅니다.

히스기야는 비통한 절망의 때를 지나야 했지만, 기도에 자기를 바침으로써 환희에 찬 새벽을 맞이할 수 있었습니다.

우리도 마찬가지입니다. 하나님의 자녀인 우리가 맞이하는 새벽은 달라야 합니다. 새벽마다 새로운 영광의 환희를 경험하는 날들이 되어야 합니다. 왜냐하면 신자로서 우리의 인생도 매일 적군들에 에워싸인 예루살렘 성과 같이 시작될 수 있기 때문입니다.

인생의 어두운 밤을 기도로 보낸 사람, 확정된 패배 앞에서도 하나님의 위대한 역전을 꿈꾸며 어린아이처럼 매달린 사람들이 맞이하는 새벽은 유난히 눈부십니다.

그 새벽에 주시는 승리의 환희 때문에……

새 — 벽 — 에 — 임 — 하 — 시 — 는 — 하 — 나 — 님

3

구원의 하나님
환난을 벗어나

새 벽 | 기 도 의 | 사 람 들

"롯이 소알에 들어갈 때에 해가 돋았더라"

(창 19:23)

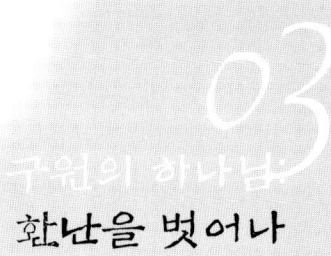

03 구원의 하나님:
환난을 벗어나

- 롯

하나님과 교통하는 사람에게는 시련이 은혜의 수단이 되기도 합니다.
롯에게 있어 소돔과 고모라의 멸망은 엄청난 환난이었지만,
또한 하나님의 독점적인 은혜를 경험하는 계기이기도 했습니다.
시련을 당하고 고난을 겪는 것은 신앙에 있어 그다지 중요한 문제가 아닙니다.
정말로 중요한 것은 하나님과의 교통 속에서 사느냐입니다.

어리석은 선택

이 짧은 본문은 우리에게 롯이 소알로 들어간 시간이 새벽이었음을 알려줍니다.

창세기 19장은 소돔과 고모라가 멸망하게 된 경위와 함께 그 심

판으로부터 구원받은 롯 일가의 이야기를 담고 있습니다.

롯은 아브라함의 조카로, 아브라함에게서 아들 같은 여김을 받으며 함께 살았었습니다. 그런데 시간이 흘러 가축 떼가 점점 많아지자 도저히 한집에서 살 수 없는 상황이 초래되었습니다.

롯과 아브라함의 각별한 사이에도 불구하고, 그 아래에서 수종을 들던 아브라함의 목자들과 롯의 목자들이 서로 다투었던 것입니다.

결국 아브라함은 이러한 상황을 해결하기 위하여 롯으로 하여금 분가하도록 하였습니다. 아브라함에게 이 결정은 가슴 한쪽이 허물어져 내리는 것처럼 허전하고 아픈 결단이었을 것입니다. 그러나 이것은 한편으로 아브라함과 홀로 대면하시기 위한 하나님의 작정이었습니다.

아픈 마음으로 롯의 분가를 결정한 아브라함은 사랑하는 조카 롯에게 선택권을 양보합니다. 그리하여 결국 롯의 선택이 시작되는데, 안타깝게도 그의 선택은 시작부터 매우 잘못된 것이었습니다. 롯의 선택에서 우리는 두 가지 중대한 과오를 발견할 수 있습니다.

그의 첫 번째 잘못은 아브라함의 사랑의 배려에 사랑으로 화답하지 않은 것입니다. 그는 "네가 좌하면 내가 우하고 네가 우하면 내가 좌하리라"고 아브라함이 말했을 때, 당연하게 자신이 원하는 곳을 택했습니다.

아브라함의 사랑과 보호의 그늘 아래서 살아온 날들을 생각하면 좋은 것을 아브라함에게 돌리는 것이 마땅한데도 불구하고 그는 아브라함의 형편을 고려하지 않은 채 이기적인 선택을 했던 것입니다.

두 번째 그의 잘못은 육신의 안목으로 선택한 것입니다. 그는 요단 들녘을 바라보며 그 쪽을 택했습니다. 그곳은 소돔과 고모라 땅이었는데, 그가 그 땅을 택한 것은 물이 넉넉해 보였기 때문입니다. 이것은 풍요의 근원이 하나님이심을 확신하고 선택권을 양보한 아브라함과 비견해 볼 때 인간적, 물질적 관점에 치우친 매우 불신앙적인 선택이었습니다.

육신의 안목을 따랐던 롯의 이 결정은 결국 본문의 파국으로까지 치닫습니다. 약속이나 믿음과는 상관없이 그저 안목에 좋은 대로 자기 갈 곳을 정했던 롯은 결국 모든 소유를 잃고 도망쳐 나오게 되는 것입니다.

의인의 영향력

롯에 대한 성경의 평가는 일정하지 않습니다. 베드로 사도는 그를 "무법한 자의 음란한 행실을 인하여 고통하는 의로운 롯을 건지셨다"(벧후 2:7)라고 의로운 사람으로 묘사하지만, 여기 창세기 19장은 우리로 하여금 좋은 신앙을 가진 사람이라고 판단하기 힘들게 묘사합니다.

롯이 사위들에게 하나님께서 심판하실 것을 분명한 어조로 전하였음에도 불구하고 그들은 그의 경고를 농담으로 여겼습니다. 이 사건은 자기 가족들에 대한 롯의 신앙적인 영향력을 의심하게 만듭니다. 두고 온 집을 돌아보다가 소금 기둥이 된 그의 아내의 경우도 마찬가지입니다.

따라서 그는 절대적인 의미에서 경건하고 의로운 사람이라기보다는, 소돔과 고모라 성의 짐승 같은 인간들에 비해 상대적으로 경건하고 의로운 사람이었습니다.

따라서 롯이 하나님으로부터 특별한 은혜를 입어 소돔과 고모라를 탈출할 수 있었던 것은 롯 자신의 의로움 때문이기보다는 아브라함의 중보 기도 때문이었습니다. 소돔과 고모라의 심판을 예고받은 아브라함이 그의 혈족 롯과 그 성의 온 백성을 위하여 집요하게 간구하자, 하나님께서는 아브라함을 생각하셔서 롯에게 특별히 구원의 은혜를 베푸신 것입니다.

하나님과 풍성한 만남을 누리며 살아가던 아브라함의 기도는 시공을 초월하여 이렇게 엄청난 영향력을 행사하였습니다. 의로운 사람의 기도의 영향력은 그의 인격의 영향력보다 더 깊고 더 멀리까지 미칩니다. 왜냐하면 하나님께는 당신이 기뻐하시는 의로운 한 사람의 기도가 당신이 기뻐하시지 않는 수십만 명의 열광하는 노래보다 중요하기 때문입니다.

하나님께서 심판하실 때

하나님께서 심판하기로 작정하신 소돔과 고모라는 이미 그 부패가 극에 달해 있었습니다.

롯이 하나님께서 보내신 두 천사를 집으로 들여 대접하자, 그 성 백성들은 그에게 천사들을 내어 줄 것을 요구합니다. "롯을 부르고 그에게 이르되 이 저녁에 네게 온 사람이 어디 있느냐 이끌어 내라 우리가 그들을 상관하리라"(창 19:5).

그들은 천사들과 상관하기를 원했습니다. "상관하리라"에 해당

하는 히브리어는 창세기 4장 25절의 "아담이 아내와 동침하매"라는 표현에서 쓰인 단어와 같은 단어입니다. 즉 그들은 천사들과 동침하고 싶어했습니다. 남녀소노 막론하고 롯의 집 대문을 두드린 것도 바로 이러한 욕망 때문이었습니다. 당시 소돔과 고모라가 성적으로 얼마나 타락하였으며, 얼마나 문란했는지를 보여줍니다.

하나님께서는 그러한 부패와 타락을 그대로 두고 보실 수 없으셨고 그리하여 그 성을 심판하기로 작정하셨던 것입니다. 그러나 오직 롯의 일가만은 구하기로 하셨습니다.

그런데 롯을 구원하시는 하나님의 방법을 보며 우리는 한 가지 의문을 느낍니다. 하나님께서는 왜 천사들을 보내면서까지 굳이 그를 성밖으로 끌어내려 하신 걸까요?

전능하신 하나님이시라면 롯이 소돔과 고모라 성 안에 있다 해도 그의 머리카락 하나 상하지 않게 보호할 수 있으실텐데 말입니다. 하나님께서는 불비가 내리고 지진이 나 모든 것이 폐허가 될지라도 롯이 있는 땅만큼은 그대로 남겨 놓으실 능력이 있는 분이십니다. 만약 그렇게 하셨다면 완전히 폐허가 된 성 가운데 고스란히 남아 있는 롯의 집을 보며 많은 사람들이 하나님의 전능하심을 실감하였을 것입니다.

그러나 하나님께서는 그렇게 하지 않으시고 롯에게 "피해라. 이 성에서 나가라"는 메시지를 주셨습니다.

이 일의 의미는 이것입니다. 성경적으로 볼 때 인간과 땅은 같이 묶인 존재입니다. 성경은 이렇게 말합니다. "때에 온 땅이 하나님 앞에 패괴하여 강포가 땅에 충만한지라 하나님이 보신즉 땅이 패괴하였으니 이는 땅에서 모든 혈육 있는 자의 행위가 패괴함이었더라"(창 6:11-12).

생각해 보십시오. 땅이 패괴할 것이 무엇이 있습니까? 땅은 인격체가 아니므로 악해질 수도, 패괴해질 수도 없는 존재입니다. 그런데 하나님께서는 곳곳에서 땅을 두고 인격체에게 하시듯 말씀하십니다. 이것이 바로 성경적인 사상입니다.

성경은 땅과 인간을 일치시켜 생각합니다. 땅은 히브리말로 "에레츠"라고 하는데 이것은 그대로 "거민"이라는 말로 번역이 됩니다. 즉, 히브리 사람들의 사유에 따르면 땅과 인간은 하나입니다.

사실 창조 때부터 땅과 인간은 하나였습니다. 그래서 아담과 하와가 저주를 받을 때도, 인간이 하나님의 언약을 파기하고 불순종한 대가를 땅이 함께 받아 온 땅에 저주가 함께 임한 것입니다.

그러므로 여기서도 그 땅 소돔과 소돔 사람은 떨어져 존재할 수가 없으며, 심판에서 땅이 제외될 수가 없는 것입니다. 그래서 하나님께서는 롯과 그 가족들을 성밖으로 나오게 하신 것입니다.

심판하시는 새벽에

그러나 성밖으로 나가는 일은 그렇게 쉬운 일이 아니었습니다. 롯은 세속적인 미련이 발길을 붙들었기 때문에 지체하였습니다. 천사들이 잡아 끌며 강권하였으나 결국 그들은 도저히 목적지까지 갈 수 없게 되었습니다.

심판의 시간은 확정되었는데 롯은 도저히 갈 수가 없었고, 결국 그는 가까운 데 있는 소알이라고 하는 작은 성으로 가게 해줄 것을 간청하였습니다. 그리고 하나님께서는 그것을 허락하셨습니다. 그리하여 롯 일가는 소돔 성을 나와 소알로 들어가게 되었으며, 바로 그 때 동이 터 온 것입니다.

그 새벽을 상상해 보십시오. 얼마나 대단한 광경이었겠습니까? 하늘로부터 유황과 불이 비같이 내려 온 소돔과 고모라를 뒤덮었고, 성은 무너지고 성안의 온 백성들은 비명을 지르며 죽어 갔습니다. 롯에게 그날의 그 새벽빛은 소돔과 고모라 성에서 늘 보아 왔던 그것이 아니었을 것입니다.

하나님께서는 이 위대한 일을 새벽에 행하셨습니다. 소돔과 고모라 사람들의 입장에서 보면 그날이 하나님을 거역하며 살았던 자신들의 방탕한 삶의 심판날이었지만, 하나님의 특별한 은혜를 입은 롯에게 그 새벽은 구원의 시간이었습니다.

   그리고 그것은 롯에게 있어 죽는 날까지도 잊을 수 없는 하나님의 살아계심과 전능하심에 대한 생생한 경험이었습니다. 롯의 그런 하나님에 대한 생애적인 경험이 바로 이 새벽에 있었던 것입니다.

   물론 그렇다고 이 일을 두고 새벽이라는 시간에 어떤 신령한 의미를 부여할 수는 없습니다. 다만 성경의 기록들을 찬찬히 살펴봤을 때, 이 새벽이라는 시간이 아무 의미 없는 시간인 것은 아니라고 말하고 싶은 것입니다.

   성경은 새벽, 혹은 이른 아침에 대해서 관심이 많습니다. 하나님께서 세상을 창조하실 때도, 그날의 창조가 모두 끝난 후에 그날을 묘사하며 "저녁이 되며 아침이 되니"라고 표현합니다.

   하루의 그 수많은 시간 중에서 하나님께서는 특별히 아침이 되는 시간에 주목하신 것입니다. 소돔과 고모라의 멸망도 이른 아침이었고, 예수 그리스도의 부활도 새벽이었습니다. 만나가 내린 것도 새벽이었습니다. 이스라엘 백성들이 여리고 성이 무너짐을 믿으며 성을 돈 것도, 홍해가 갈라진 것도 역시 새벽이었습니다.

그 새벽이여, 다시 한번

그러나 모든 사람들에게 새벽이 이처럼 위대한 의미를 가지고 다가오는 것은 아닙니다. 새벽의 위대한 의미는 새벽에 하나님을 찾는 사람들에게 발견되었습니다. 따라서 우리에게는 그 새벽 시간을 하나님께 기도로 바치겠다는 결단이 필요합니다.

롯이 함께 멸망당할 수밖에 없는 심판받는 소돔과 고모라 성에서 구출되어 하나님의 크신 은혜를 입은 시간은 바로 새벽 시간이었습니다.

그는 새벽에 모든 것을 잃었습니다. 재산도 사라지고 소돔과 고모라 성의 화려한 건물들도 없어졌습니다. 오직 심판하시는 하나님 한 분만 계셨습니다. 그리고 자기를 위하여 부르짖었던 아브라함의 기도만이 역사하여 그를 구원하고 있었습니다.

하나님께서는 우리의 새벽에도 이러한 일을 행하고 싶어하십니다. 그래서 심판과 구원을 동시에 보이고 싶어하십니다. 그래서 우리 모두 주를 알게 하기를 원하십니다.

우리가 놓여 있는 삶의 상황이 캄캄한 어둠의 한복판을 지나는 것 같아도, 우리의 기도는 거기서 하나님의 위대한 구원을 목격하는 기회를 만들 것입니다.

하나님께서는 소돔 성에서 롯을 끌어내신 것처럼 우리를 이 위기와 절망에서 구원해 주실 것입니다. 새벽의 시간에 롯에게 놀라운 은혜를 주셨던 것처럼, 우리가 간구하면 우리의 새벽에도 그렇게 놀랍게 우리를 건지실 것입니다.

한 사람의 새벽은 그 사람이 누구인지를 말해 줍니다. 무엇을 생각하며 눈을 뜨는지는 그 사람이 무엇을 사랑하며 사는지를 가르쳐 줍니다. 부지런한 사람인지, 게으른 사람인지도 그 사람의 새벽을 보면 알 수 있습니다. 당신은 어떠합니까? 무슨 생각으로 눈뜨고, 누구와 함께 새벽을 맞이합니까?

새벽을 보면 그 사람을 안다

새벽 시간의 명쾌한 대조를 우리는 이 소돔과 고모라 성 사람들과 롯에서 봅니다. 소돔과 고모라 성 사람들에게는 긍휼이 없는 하나님의 심판이 물 붓듯 쏟아졌지만, 롯에게는 예외적이고 특별한 은혜와 자비가 계속하여 베풀어졌습니다.

그 곳에서 빠져나가라는 천사의 가르침만 해도 굉장한 은혜인데, 롯은 지체하다가 결국 천사들이 직접 이끌어 내는 은혜까지 입습니다. 그뿐만 아니라 롯이 힘들어 도저히 먼 산까지 갈 수 없다고 하자 하나님께서는 가까운 곳으로 가도록 허락하십니다.

그 새벽에 하나님의 긍휼이 없는 심판을 입는 사람들과 한없는 자비를 입는 롯이 아주 명쾌하게 대조가 되고 있는 것입니다. 그러면 과연 한없는 자비를 입은 롯과 그렇지 않은 다른 사람들과의 명백한 차이는 무엇입니까?

성경에 나타난 둘 사이의 분명한 차이는 천사를 대하는 태도입니다. 롯과 천사들은 대화를 나누고 만남을 가졌으나, 소돔 성의 다른 사람들은 그렇지 못했습니다. 도리어 그 천사들을 욕보이고 희롱코자 하였습니다.

이 천사들은 하나님께서 보내신 특별한 사자들이었으며, 롯은 하나님의 메시지를 가지고 온 이들과 교통하였습니다. 이것은 다시 말해 하나님과 교통한 것입니다. 롯은 새벽까지 그 천사들과 함께 있었습니다. 새벽까지 하나님과 교통한 것입니다.

이것이 롯 일가와 다른 백성들간의 차이였습니다. 그리고 그 차이로 인해 롯은 심판을 받는 불의 재앙 속에서 여호와 하나님의 놀라운 구원을 경험하게 된 것입니다.

하나님과의 교통이 살아 있는 사람에게는 시련이 은혜의 수단이 되기도 합니다.

롯에게 있어 소돔과 고모라의 멸망이라는 이 엄청난 환난은 하나님의 독점적인 은혜를 경험하는 배경이 되었습니다. 따라서 시련과 고난이 크고 작음은 신앙에 있어 그다지 중요한 문제가 아닙니다. 정말로 중요한 문제는 하나님과의 교통이 있느냐 없느냐입니다.

창세기 19장의 사건을 통해 우리는 롯에 대하여 이러한 결론에 도달합니다. 롯은 하나님과 교통한 사람으로, 특별히 그는 그 역사적인 소돔과 고모라 멸망의 날 새벽에 하나님과 교통한 사람입니다.

여러분, 여러분은 혹시 그와 같은 특별한 은혜가 필요하지 않으십니까? 누구를 돌아보고 어디를 바라봐도 절망의 연속이고 도무지 헤어날 수가 없을 것 같은 그런 상황 속에 있지는 않으십니까?

사랑하는 여러분, 이 세상에는 우리의 힘으로 극복할 수 없는 일이 너무나 많습니다. 하지만 그것은 전혀 이상한 일이 아닙니다. 그것이 이상한 일이라고 생각된다면, 여러분은 아직 인생을 너무나 모르는 사람인 것입니다.

우리의 힘으로 안 되는 일들이 너무 많은 것은 어쩌면 당연한 일일 것입니다. 그러나 우리 힘으로 해결되지 않는 문제들이 많다는 것이 우리를 절망으로 몰고 갈 수는 없습니다.

우리에게는 이러한 인생의 한계와 절망 가운데서 우리를 구원하실 수 있는 하나님이 계시며, 그 분은 당신의 도움을 구하는 사람들에게 당신의 강한 능력을 드러내는 것을 기뻐하는 분이시기 때문입니다.

여러분, 롯은 아브라함처럼 신령한 영향력을 가진 믿음의 사람이 아니었습니다. 그도 사실은 우리처럼 세속적인 것들에 집착하고 육신의 안목에 끌려 그릇된 결정을 하기도 하는 나약한 인간이었습니다.

그러나 그는 새벽의 시간에 하나님께서 보내신 천사들과 함께 있었고, 그랬기에 그 불의 심판 한복판에서 구원받을 수 있었습니다. 그리고 그것은 아브라함의 기도를 들으신 하나님의 은혜였습니다.

롯이 그러할진대, 지속적으로 새벽의 시간을 하나님 자신과 깊이 교제하며 사는 새벽 기도의 사람들은 얼마나 더 놀라운 구원의 역사를 볼 수 있겠습니까?

그는 심판의 한복판에서도 하나님의 구원을 경험할 것이며, 폭풍과 같은 시련 한가운데서도 하나님의 역사를 경험할 것입니다.

오랫동안 태만과 무지 가운데 살아서 신령한 아름다움을 잃어버렸다 할지라도, 하나님께서는 구원하시는 위대한 역사를 통하여 그의 신앙에 새벽을 여실 것입니다.

눈뜨는 새벽에 주님을 찾으십시오. 그리고 은혜를 구하십시오.

하나님께서는 새벽에 당신을 찾는 자를 외면하지 않으실 것입니다.

그 동안 안일한 삶을 살았다고 할지라도…….

기적의 하나님
위기를 넘어서

새 벽 | 기 도 의 | 사 람 들

"모세가 곧 손을 바다 위로 내어 밀매
새벽에 미쳐 바다의 그 세력이 회복된지라
애굽 사람들이 물을 거스려 도망하나
여호와께서 애굽 사람들을 바다 가운데 엎으시니
물이 다시 흘러 병거들과 기병들을 덮되 그들의 뒤를 쫓아
바다에 들어간 바로의 군대를 다 덮고 하나도 남기지 아니하였더라"

(출 14:27-28)

04 기적의 하나님:

위기를 넘어서

– 모세

하나님께서는 다른 손이 아닌,
모세의 그 기도하던 손이 들려 바다에 명하기를 원하셨습니다.
그 기도하던 손이 바다를 가르고 구원의 길을 열었습니다.
모세의 기도를 들으신 하나님께서 일하신 것입니다.

송영이 된 사건

이 사건은 이스라엘 백성들의 역사에서 두고두고 암송되는 사건입니다. 하나님의 강한 능력, 이스라엘 백성들을 향한 하나님의 특별한 사랑과 보호를 이스라엘 백성들의 마음 가운데 상기시켜야 했을 때, 늘 인용되던 중요한 사건이었습니다.

아직도 어떤 사람들은 바다가 갈라진 이 홍해의 기적을 과학적인 상식과 조화시키려고 시도합니다. 그러나 그것은 그다지 중요한 문제가 아닙니다. 이 사건은 과학의 눈이 아니라 믿음의 눈으로 보아야 하는 사건이기 때문입니다.

이 기적을 과학적으로 규명하려는 사람들 중 어떤 이들은 이스라엘 백성들이 건넌 바다가 홍해가 아니라고 주장하기도 합니다. 홍해는 굉장히 폭이 넓은 바다이기 때문입니다.

이스라엘 백성들이 그곳을 건너 시내 반도로 간 사실로 추론해 볼 때 이 때 건넌 바다가 홍해가 맞는 것 같지만, 어쩌면 사실은 홍해가 아니라 그 위쪽에 있는 어떤 큰 호수일 수도 있다고 주장되기도 합니다.

하지만 정말로 중요한 것은 그들이 건넌 것이 바다인지 그 위에 있던 호수였는지가 아닙니다. 그들은 하나님의 기적으로 갈라진 깊은 물을 보았고 벽처럼 마주 선 물 한가운데를 지났습니다. 그것은 하나님의 기적적인 개입을 통하여 이루어진 것입니다.

하나님께서는 이 일을 통해 오래도록 이스라엘 백성들에게 믿음을 심어 주셨습니다. 이 일은 이스라엘 백성들에게 오직 하나님만을 신뢰하며 살게 하는 은혜의 수단이었습니다. 그리고 이것은 오늘을 사는 우리에게도 그대로 적용되어, 묵상하는 우리로 하여금 그 은혜에 참여하게 합니다.

하나님께서는 이 사건을 통하여 이스라엘 백성들의 마음속에 하나님이 정말 위대하신 하나님이라는 사실을 각인시키셨습니다. 이스라엘 백성들은 그것을 계속 전승하여 오며, 국가의 암울하고 고통스러운 시기마다 동일한 하나님의 능력을 보기를 간구하였습니다. 그리고 실제로 하나님께서는 똑같이 바다를 가르신 것은 아니지만, 또 다른 방법을 사용하여 믿음으로 하나님의 도우심을 기다리는 백성들에게 당신의 큰 팔을 내미셨습니다.

믿게 하시려고

바다가 갈라져 물이 벽처럼 선 곳이 홍해이든지 그 위의 호수이든지, 우리에게는 그것이 그렇게 중요한 문제가 아닙니다. 지금 우리에게 중요한 문제는 하나님께서 그 바다를 친히 가르셔서 이스라엘 백성들을 구원하셨다는 것입니다.

모세가 처음 광야에서 하나님을 만나고 애굽으로 가서 이스라엘 백성들을 구원하라는 소명을 받았을 때, 그 앞에는 두 개의 커다란 난관이 펼쳐져 있었습니다.

그것은 첫째로 바로가 과연 그 백성을 놓아 주겠느냐 하는 문제였고, 둘째로는 설령 바로가 놓아 준다고 할지라도 백성들이 따라나서겠느냐 하는 문제였습니다.

즉, 이스라엘 백성들을 출애굽시키기 위해서는 바로를 비롯한 애굽에 있는 모든 사람들에게 하나님이 얼마나 두려운 분인지를 알려 그 백성들을 놓아 주게 하여야 했고, 또 한편으로는 그 놓여질 백성들에게 하나님이 얼마나 위대하신 분이고 사랑이 많으신 분인지 깨닫게 해주어야 했던 것입니다.

그래서 하나님께서는 열 개의 재앙들을 애굽에 보내셨습니다. 그것은 정말 위대한 재앙들로 뒤로 가면 갈수록 점점 더 하나님 이외에는 이런 능력을 행하실 분이 없음을 확신시켜 주는 재앙이었습니다.

처음에 물이 다 피로 변하게 한 사건이나 개구리 재앙은 애굽에 있는 술객들도 행할 수 있는 것이었습니다. 그러나 열 가지 재앙이 하나하나 전개되어 가면서 이스라엘 백성들은 물론 애굽 사람들에게도 하나님과 같은 신이 없음을 고백하게 하였습니다. 그리고 그러한 고백은 본문의 사건에서 절정을 이룹니다.

하나님께서는 이처럼 바다가 갈라지면서 길이 생기고 그 양쪽으로 물이 벽이 되어 서게 하는 놀라운 일을 행하셨습니다. 이스라엘 백성들이 통과할 때는 안전하던 그 바다가 애굽의 병사들이 통과할 때는 죽음의 바다가 되었습니다. 그리고 이 유례 없는 위대한 역사는 하나님의 이스라엘의 위대한 하나님 되심을 보여주는 최고의 기적이었습니다.

이것은 그냥 단순하게 바다가 갈라진 것이 아닙니다. 물이 벽을 이루며 허공 가운데 멈추어 섰고, 마치 거대한 수족관으로 만들어진 물의 계곡을 지나듯 이스라엘 백성들은 홍해를 건넜습니다.

그뿐이 아니었습니다. 그들이 밟는 길은 마른 땅이었습니다. 바다가 갈라지고 길이 생겼어도 그것이 질척질척 무릎까지 빠지는 뻘이었다면 어떠했겠습니까? 적어도 250만에서 300만 명은 되었을 사람들이 그 땅을 밟고 건너야 하는데, 그 뻘이 어떻게 그들의 무게를 견딜 수 있었겠습니까? 그래서 하나님께서는 당신의 백성들을 위해 마른 땅을 바다 한가운데 펼치셨습니다.

그러나 하나님의 도움의 손길은 여기서 그치지 않습니다. 병거를 타고 빠르게 달려오는 애굽 군대로부터 더디게 나아가는 이스라엘 백성들을 보호하기 위하여 하나님께서는 앞서가던 하나님의 사자와 구름 기둥을 뒤로 보내 애굽 군대를 막아 서도록 하였습니다.

그리고 이스라엘 백성들이 모두 건너고 나자, 아직 길 위에 있는 애굽 군대 위로 물이 덮쳤으며, 결국 그들을 모두 수장시켰던 것입니다.

이 모든 일들을 직접 경험하고, 또 건너편에서 자세히 지켜본 이스라엘 백성들은 미리암의 소고 소리에 맞추어 승리의 노래를 부르기 시작합니다. 이스라엘 모든 백성이 성가대가 되어 장엄한 찬양을 올렸습니다.

출애굽기 15장을 통해 살펴볼 수 있는 이 찬양의 주된 내용은 바로 유일신 신앙입니다. 신들 중에서 하나님이 제일 뛰어나시다 하는 것이 일신 신앙이라면, 하나님 이외의 모든 것들은 신이 아니다 라고 믿는 신앙이 유일신 신앙입니다. 즉, 하나님 한 분, 오직 그 분만을 신으로 인정하는 것입니다.

이 홍해의 기적은 이스라엘 백성들에게 오직 여호와만이 유일하신 하나님이시라는 사실을 실제로 경험하게 해준 민족적인 사건이었습니다.

이스라엘 백성들은 홍해에서 이렇게 하나님의 능력을 경험한 후, 곧 시내산에서 하나님의 임재를 경험하게 됩니다. 이스라엘 백성들은 하나님의 능력뿐 아니라 거룩을 경험함으로써 유일신 신앙을 가진 백성으로 세워져 갔던 것입니다.

바다에서 받은 세례

더불어 이 사건은 구원사적으로도 중대한 의미가 있습니다. 물이 갈라지고 그 사이로 이스라엘 백성들이 통과하였다는 사실을 고린도전서에서는 세례와 연관시켜 설명합니다. "모세에게 속하여 다 구름과 바다에서 세례를 받고"(고전 10:2).

성경은 이스라엘 백성들이 물 가운데로 통과하여 더 이상 애굽 사람들이 추격할 수 없는 안전한 곳으로 이동한 것을 인간이 받은 죄로부터의 구원과 결부시켜 보도하고 있습니다.

구원사적으로 볼 때 이날의 사건은 이스라엘 백성들이 받은 영적 세례입니다. 그 물 세례를 통해 그들이 받은 것은 죄로부터의 구원입니다.

우리가 받는 세례를 생각해 보면, 이 원리는 우리에게도 마찬가지입니다. 그리스도 예수를 구주로 믿고 신앙을 고백하여 세례를 받을 때, 우리들은 원리적으로 죄의 집요한 추격으로부터 벗어나는 것입니다. 그리고 이스라엘 백성들이 애굽에서 탈출하였듯이 죄가 다스리는 영역으로부터 완전히 탈출하는 것입니다.

인간은 세상에 태어날 때부터 죄인으로 태어나고, 그래서 죄의 지배를 받으면서 살아갈 수밖에 없는 존재입니다. 이스라엘 백성들이 바로의 지배를 받았듯이 말입니다.

그런데 주님을 믿고 거듭나 세례를 받음으로써 우리의 지위는 변했습니다. 죄의 영향력과 사단의 통치로부터 완전히 벗어난 것입니다.

그러나 그렇다고 해서 모든 문제가 완전히 사라진 것은 아닙니다. 애굽 군대의 추격에서 벗어나 광야로 들어선 이스라엘 백성들을 생각해 보십시오. 이제 그들에게 바로의 추격은 더 이상 없었습니다.

그러나 그럼에도 불구하고 그들의 유일신 신앙은 온전히 유지되지 못했습니다. 그것은 이스라엘 백성들의 내면 깊숙한 곳에 뿌리 깊게 자리잡은 부패한 본성들 때문이었습니다.

그들은 더 이상 바로에게 지배받지 않았으나, 바로의 지배 아래 살며 가졌던 성품들은 없어지지 않았습니다. 시간이 흐르면서 예전의 못된 성품들이 되살아나기 시작했고, 그리하여 그들은 광야 생활 동안 하나님을 거스르며 반역과 불순종을 거듭하였습니다.

이것은 그리스도인들의 영적인 삶에 아주 귀한 교훈을 줍니다. 우리들이 예수님을 믿고 세례를 받아 하나님의 자녀가 되었음에도 불구하고 여전히 범죄하는 이유를 보여주기 때문입니다.

우리가 하나님의 자녀가 된 이상, 죄는 더 이상 우리를 통치할 수 없습니다. 그러나 아직도 우리 안에는 여전히 사악한 본성들이 남아 있습니다.

이 부패한 본성은 은혜 안에서 살 때에는 적절하게 통제가 됩니다. 그렇지만 은혜 안에 살지 않으면 우리는 죄의 통치를 받았던 때와 방불한 삶으로 나아가게 됩니다. 놀라운 은혜로 구원해 주셨음에도 불구하고 하나님을 거스르고 반항하던 광야의 이스라엘 백성들처럼 말입니다.

이미, 그러나 아직

그런데 이 홍해의 기적에는 또 하나의 커다란 특징이 있습니다. 바로 양면성입니다. 이 사건은 한편으로는 이스라엘 백성들을 구원한 사건이었지만 다른 한편으로는 애굽 백성들을 수장시킨 사건이었습니다.

인간에게는 무언가를 대할 때, 자기의 관심에 따라 어느 한 면만을 크게 부각시켜 보는 습관이 있습니다. 그래서 사람들은 이 사건을 볼 때에도 흔히 어느 한쪽으로 치우쳐 상황을 파악하려 합니다. 그리고 대개의 사람들은 인간의 힘으로 어찌할 수 없는 위기 상황

속에서 하나님께서 자기의 사랑하는 백성들을 건져 주셨다는 한 가지 사실에만 주목합니다.

그러나 어떤 어려움 속에서 건져 주시는 구원이 참된 의미의 구원이 되기 위해서는 구출뿐만이 아니라 그 어려움을 야기한 대적에 대한 완전한 소멸도 함께 있어야 합니다. 우리를 그런 어려움 속으로 몰아넣었던 대적들을 향한 하나님의 공격적인 심판이 동반되지 않으면, 우리의 구원은 잠정적인 것일 뿐, 진정한 의미의 구원일 수 없기 때문입니다.

성경 전체를 보십시오. 언제나 그 두 가지 면이 짝을 이루며 나옵니다. 시편을 보아도 경건한 시인들의 기도에는 언제나 곤궁한 자신을 건지실 하나님의 긍휼과 자비에 대한 호소와 함께, 대적들을 향한 한 맺힌 응징을 바라는 기도가 나오지 않습니까?

지금 우리가 살펴보는 사건도 짝을 이루는 구원의 양면을 잘 드러내고 있습니다.

하나님께서는 위기에 처한 당신의 백성들을 안전하게 구원해 내셨을 뿐 아니라, 그들을 위협하던 애굽의 추격대를 물 속에 완전히 수장시키셨습니다. 이스라엘 백성들에게는 은혜의 장소였던 바다가 애굽의 추격대들에게는 진멸의 장소가 된 것입니다.

이스라엘 백성들은 홍해 건너편에서 애굽 병사들에게 물이 쏟아지는 놀라운 광경을 모두 지켜보았습니다.

갈라졌던 두 물기둥이 일시에 합쳐지면서 엄청난 물의 충돌이 생겼고 격렬한 파도가 일었습니다. 한순간에 수많은 병거들이 부서졌고, 무수한 애굽 병사들이 시체가 되어 물 위로 떠올랐습니다.

이스라엘 사람들에게 애굽 병사는 평범한 존재가 아니었습니다. 그 사람들에게 있어서 병거를 탄 애굽의 병사는 우리의 일제시대 순사보다도 더 무서운 사람들이었습니다.

당시 이스라엘 백성들은 나서부터 그 때까지 평생을 그 사람들 아래에서 노예로 살아온 사람들이었습니다. 이스라엘 백성들은 그들로부터 짐승 같은 대접을 받았고, 채찍으로 다스려졌습니다. 그들에게 애굽의 병사는 울던 아이를 뚝 그치게 하는 호랑이나 일본 순사처럼 두렵고 무서운 존재였습니다. 그런데 그런 무서운 존재들이 제대로 반항 한번 못해 보고 일시에 시체가 되어 떠올랐습니다.

하나님께서 그 강한 권능을 보이시어 이스라엘 백성들을 짓누르던 공포와 고통을 종식시키신 것입니다. 바다가 갈라지는 이 기적을 통해서 말입니다.

근본을 해결하시는 하나님

지금 우리에게 필요한 것도 이러한 하나님의 양면적인 구원의 역사입니다.

이 세상에는 자신의 수단과 방법을 믿고 살아가는 사람들이 있습니다. 그들은 언제나 자기의 방법과 능력으로 문제를 해결하였다고 자랑합니다. 그러나 잠시 기다려 보면 해결되었다고 생각했던 문제들이 다시 고개를 들기 시작하는데, 이것이 바로 인간의 문제 해결이 지니는 한계입니다.

하나님께서 역사하신 문제의 해결은 이렇지 않습니다. 그것은 완전히 끝장을 보는 근원적인 해결입니다.

그러나 애석하게도 모든 그리스도인들이 이렇게 하나님께서 행하시는 문제의 완전한 해결을 경험하는 것은 아닙니다.

사실, 우리도 종종 시련 속에서 건져 주시고, 상처를 싸매 주시는 하나님을 경험합니다. 그러나 이상하게도 우리는 그런 도우심을 입었건만 자꾸 다시 같은 문제로 넘어집니다. 우리의 대적들은 도무지 진멸되지 아니하고, 잠시 주춤하다 다시 공격해 오고, 잠시 물러가다가 곧 다시 우리를 덮칩니다.

그러면 도대체 왜 우리는 하나님을 믿고, 붙들고, 의지하고 있는

데, 문제의 근원적인 해결을 누리지 못하며 사는 걸까요? 우리는 그 답을 자기 자신에게 물어야 합니다. "나는 정말로 문제의 근원적인 해결을 갈망하고 있는가?" 하고 말입니다.

이스라엘 백성들은 그 근원적인 해결을 얻기 위해 여태껏 살아오던 삶의 자리를 버리고 광야로 나갔습니다. 뒤쫓아 오는 추격대, 걷기 어려운 노인과 아이들, 당장의 먹을 것을 걱정해야 하는 보장되지 않은 미래, 이 모든 것들에 아랑곳하지 않고 오직 하나님을 믿는 믿음으로 그들은 애굽의 압제로부터 탈출하였습니다. 그들에게는 하나님께서 해결해 주실 것에 대한 갈망과 믿음이 있었기 때문입니다.

여러분은 어떻습니까? 하나님께서 완벽하게 문제를 해결해 주시기를 원하고 계십니까? 하나님께서 그렇게 하실 것을 믿고 계십니까?

여러분, 우리는 기도하면서 그 문제가 완벽히 해결되리라는 위대한 꿈을 가져야 합니다. 이것은 우리 자신을 위해서가 아니라 그렇게 함으로 영광받으실 하나님을 위해서입니다.

하나님께서는 지금도 우리의 문제를 근본적으로 해결해 주시기 위해 기다리고 계십니다. 다만 우리가 스스로의 믿음 없음으로 말미암아 그것을 누리지 못하고 있을 뿐입니다. 근본적인 해결 대신

미봉책으로 때워 버리고 그것으로 잠시 평안함과 만족을 누리며 살아가는 우리의 미련함이 우리의 삶을 자꾸만 같은 문제에서 거듭 넘어지게 만드는 것입니다.

주님은 문제가 우리의 한계를 넘어선다는 것을 잘 아십니다. 우리의 능력만으로는 우리 인생의 무수히 많은 문제들을 완전히 제압하면서 살아갈 수 없음을 너무나 잘 아십니다.

출애굽기 15장의 이 기적을 통해 하나님께서 우리에게 보여주고 싶으신 것은 과거에 이런 놀라운 일들을 이스라엘 백성들에게 행하셨다고 알려주는 것이 아니라, 지금도 이런 위대한 능력으로 우리를 구원하실 수 있으니 하나님께로 나아오라는 것입니다.

그 새벽에 하나님께서는 바다 위에서 하나님이 아니면 도저히 이룰 수 없는 이스라엘의 구원을 이루셨습니다. 그것은 인간적인 방법으로는 절대로 이룰 수 없는 일이었습니다. 되돌아갈 길도 없었고, 다리를 놓을 만한 돌도 없었으며, 그렇다고 나무를 베어다가 뗏목을 만들 수도 없었습니다.

그 상황에서 이스라엘 백성들이 할 수 있는 일은 하나님의 도우심을 바라는 것 외에는 아무것도 없었습니다. 후일에 우리가 아무 공로나 행위로 말미암지 않고 구원을 얻은 것처럼 이날의 기적 역시 하나님의 전적인 은혜로 된 일인 것입니다.

기도하던 손이었습니다

그러나 비록 이 일이 하나님의 전적인 은혜로 된 일이기는 하지만 하나님께서는 이 일을 모세를 사용하여 행하셨습니다. 하나님께서 직접 바다를 가르지 아니하시고 모세에게 손을 내밀도록 하신 것입니다.

다른 사람이 아닌 오직 모세의 손이었습니다. 후에 아말렉과 싸울 때도 하나님께서는 모세의 손을 사용하셨습니다. 모세가 손을 들면 이기고 손을 내리면 지도록 말입니다.

높이 들어 이적을 행하게 한 모세의 손은 언제나 기도하기 위해서 높이 들었던 기도의 손이었습니다. 기도하는 손이었기에 그 손은 기적의 도구로 사용될 수 있었습니다. 만약 그 손이 죄를 짓던 손이었다면 아무리 높이 치켜든다 해도 홍해는 갈라지지 않았을 것입니다.

늘 하나님을 향하여 높이 들리던 손, 하나님을 향한 갈망으로 떨리던 손, 하나님께서 주신 거룩한 슬픔으로 쉴 새 없이 흘러내리는 눈물을 훔치던 그 손이었기에 홍해를 가르고 합쳤던 것입니다.

"모세가 바로를 떠나 나와서 여호와께 기도하니"(출 8:30). "모세가 바로를 떠나 성에서 나가서 여호와를 향하여 손을 펴매 뇌성과 우박이 그치고 비가 땅에 내리지 아니하니라"(출 9:33). 성경은 누차에 걸쳐 모세의 손이 기도하는 손이었음을 가르쳐 줍니다.

하나님께서는 기도하는 손을 통해 일하기를 기뻐하십니다. 왜냐하면 하나님과의 깊은 만남이 있는 기도의 세계를 지닌 사람들은 자신의 손을 통해 하나님께서 이 위대한 일들을 이루실 때 결코 하나님께서 받으셔야 마땅할 영광을 가로채지 않습니다. 하나님 홀로 영광을 받으시도록 그들은 온전히 그 기도하는 손으로 하나님께 영광을 돌리는 것입니다.

따라서 하나님께 쓰임받기를 원하는 마음이 있다면 무엇보다 우선 기도의 사람이 되어야 합니다. 이날 이스라엘 백성들에게는 모세가 있었습니다.

그러면 여러분이 해결받아야 할 문제의 한가운데에는 누가 있습니까? 하나님께서 그 문제들을 해결하고자 하실 때 누가 손을 들겠습니까? 어쩌면 여러분의 가정에, 직장에, 모임에 끊임없이 문제가 생길 뿐 해결되어지지 않는 이유는, 하나님께서 도와주시지 않아서가 아니라, 그 해결의 도구가 될 기도의 사람이 없어서일지도 모릅니다.

가정에는 마땅히 가장이 있어야 하듯, 성도의 가정에는 마땅히 영적인 가장이 있어야 합니다. 다른 식구는 피곤하여 새벽에 일어나 기도할 수 없어도 그 사람만큼은 기도로 하나님께 나아가야 합니다.

우리 시대는 특별히 기도하는 영적 지도자를 필요로 하고 있습니다. 지도자로서 목소리를 높이고 권위를 세우는 대신에, 그 공동체를 하나님 뜻대로 세우기 위하여 기도로 자신을 구별하는 지도자들을 필요로 하고 있습니다.

우리가 기도하여야 하는 것도 바로 이 때문입니다. 오늘 기도하는 신자들 가운데서 미래의 지도자들이 배출됩니다. 기도가 그리스도인의 인격의 특징이 되어야 합니다. 눈에 드러나는 섬김만이 아니라, 보이지 않는 기도의 세계로 자신을 말할 수 있는 그리스도인들이 필요합니다.

그러나 신자가 기도하는 사람으로 사는 것은 결코 쉬운 일이 아닙니다. 세상은 우리를 기도만 하며 살도록 내버려 두지 않기 때문입니다. 세상도, 교회도, 가정도, 사역도 끊임없이 우리를 요구합니다. 사실 우리의 손길을 필요로 하는 그 일들의 대부분은 마땅히 우리가 꼭 해야만 하는 일들입니다. 그래서 결국 우리에게는 기도할 시간이 없다는 문제가 대두됩니다.

드러나는 문제들에 몰두하느라, 드러나지 않는 기본적인 섬김이 망가지게 되는 것입니다. 그러나 여러분, 기억하십시오. 기도로 구별된 사람이 아니면 하나님의 도구가 될 수 없습니다. 하나님의 큰일을 감당할 수 없으며, 핍절하고 곤고한 영혼들을 위해 하나님의 은혜를 불러올 수 없습니다.

하나님께서는 다른 손이 아닌, 하나님을 향하여 높이 기도하고 들려지던 모세의 그 기도하던 손을 원하셨습니다. 그 기도하던 손이 펼쳐질 때 바다가 갈라져 이스라엘 백성들에게 구원의 길이 열렸고, 바다가 합쳐지며 이스라엘의 대적을 휩쓸었습니다.

여러분, 여러분의 바다는 무엇입니까?

그 바다를 향해 당신은 지금 손을 들고 있습니까?

당신의 그 손은 기도하던 손입니까?

그 때도 새벽이었습니다

그런데 여기서 우리가 주의 깊게 살펴보아야 할 문제가 하나 더 있습니다. 바로 이 놀라운 일이 일어난 시간입니다. 본문은 말합니다. "손을 바다 위로 내어 밀매 새벽에 미쳐 바다의 그 세력이 회복된지라."

하나님께서 이스라엘의 대적을 멸하신 시간은 새벽이었습니다.

즉, 그 놀라운 일들을 직접 목격하고 거대한 성가대가 되어 하나님께 찬양을 올린 사람들은 새벽의 사람들이었습니다. 그 장엄한 새벽에, 모세의 놀라운 역사에 동참했던 사람들은 어슴푸레 밝아 오는 태양빛을 받으면서 홍해 바다의 위대한 역사를 목격했던 것입니다.

하지만 이 사실을 새벽 시간에만 하나님께서 일하신다든가, 새벽 기도를 교리로 삼아야 한다든가, 새벽이 아니면 하나님께서 기도를 듣지 않으신다든가 하는 억지 주장으로 이어갈 필요는 없습니다.

성경의 역사 속에서 새벽은 매우 특별한 시간이지만, 그것은 새벽이라는 시간 자체에 무슨 신령한 힘이 있기 때문은 아닙니다. 그것은 특별히 새벽 시간이 구별하여 하나님께 드리기에 적합한 시간이기에 생긴 자연스런 결과일 뿐입니다.

기도를 통해 역사하시고, 기도를 열납하여 자비를 베푸시는 하나님이시기에, 기도자의 구별된 시간인 새벽에 역사하기를 기뻐하셨던 것입니다.

새벽은 수많은 신앙의 선조들의 위대한 기도로 다져진 시간입니다. 하나님의 위대한 일하심으로 찬란하게 빛나고 있는 시간입니다. 기도를 방해하는 여러 가지 환경적인 제약이 가장 적은 시간입니다.

여러분, 우리가 기도로 자신을 다른 것으로부터 구별하기 위한 시간으로 이보다 더 좋은 시간이 또 어디 있겠습니까?

사랑하는 여러분, 새벽에 기도하십시오. 아무도 밟지 않은 새벽길을 떠나는 마음으로 그 분의 보좌 앞으로 나아가 보십시오.

이른 새벽, 주님을 향한 아름다운 명상 속에서 눈뜨고 새벽 이슬 같은 은혜로 마음을 적시며 하루를 시작하는 사람들은 얼마나 행복한 사람들입니까?

절망 속에서 울며 잠든 사람들도 기도 속에서 절망을 능가하는 하나님의 사랑을 맛볼 것이며, 그 사랑에 잡혀 사는 하루는 절망 대신 감사함으로 잠들게 할 것입니다.

여러분이 지금, 온 길로 되돌아갈 수도 없고 목표를 향하여 앞으로 나아갈 수도 없는 이스라엘 백성과 같은 처지에 있습니까?

어려움이 사소하면 우리의 힘으로도 맞서 보지만, 절망적인 상황이 노도와 같이 밀려올 때에 우리로 이기게 하시는 분은 오직 하나님뿐이십니다. 부르짖는 자에게 응답하시는…….

5

은혜의 하나님
결핍을 이기며

새 벽 | 기 도 의 | 사 람 , 들

"저녁에는 메추라기가 와서 진에 덮이고
아침에는 이슬이 진 사면에 있더니 그 이슬이 마른 후에
광야 지면에 작고 둥글며 서리같이 세미한 것이 있는지라"

(출 16:13-14)

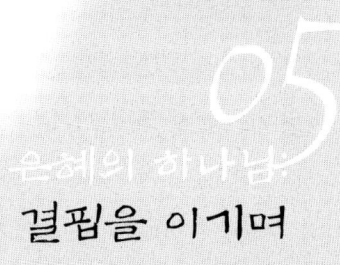

결핍을 이기며
- 광야 백성

만약 세상이 주는 것만으로도 만족할 수 있다면
그는 더 이상 그리스도인일 수 없습니다.
그리스도인이라면 하늘로부터 내려오는 세상을 이길 힘에 목말라 합니다.
이스라엘 백성들이 매일 하늘 양식으로 살았던 것처럼, 우리도 하늘 은혜로 살아갑니다.

먹여 주시는 하나님

놀라운 이적을 경험하며 홍해를 건넌 이스라엘 백성들은 곧 또 다른 문제에 봉착하게 되는데 그것은 바로 먹는 문제였습니다.

그들에게는 광야 생활 동안 자신들의 끼니를 해결할 방도가 전혀 없었습니다. 이스라엘 백성들이 애굽에서 나왔을 때의 인원은 어림잡아 250만에서 300만 명으로 추산이 됩니다. 따라서 이들이 먹고사는 문제는 그리 간단한 문제가 아니었습니다.

끊임없이 이동해야만 했기 때문에, 농사를 지어 식량을 조달할 수 없었습니다. 비록 애굽에서 나올 때 어느 정도 양식을 챙겨 나오긴 했지만, 불과 한두 달이 지나자 그마저도 바닥이 났고, 양식의 문제가 절박하게 대두되었습니다.

그러나 그 때 하나님께서는 아무도 예상하지 못한 방법으로 만나를 주신 것입니다.

이스라엘 백성들의 입장에서 한번 생각해 보십시오. 먹을 것은 다 떨어진 상황인데, 아직도 가야 할 길은 멉니다. 절망과 원망, 미래에 대한 두려움으로 고통당하고 있을 때 하나님께서는 전대미문의 방법으로 그들을 먹여 주실 것을 말씀하셨습니다.

그리고 드디어 새벽, 밖으로 나가 보았더니 이슬이 마른 지면 위에 정말로 서리처럼 하얀 작은 알갱이들이 있었습니다. 이스라엘 백성들은 그것을 모아 맷돌에 갈기도 하며 절구에 찧기도 하고 가마에 삶기도 하여 과자를 만들어 먹었습니다. 꿀 섞은 과자처럼 달콤한 그 만나를 양식 삼으며 이스라엘 백성들은 자신들을 먹이시는 이가 누구신지를 깊이 깨달았습니다.

오직 이스라엘 백성들을 위하여, 이스라엘 백성들의 이동 경로대로 움직이며 내리는 그 은혜의 양식을 보면서, 이스라엘 백성들은 자신들이 하나님의 백성들임을 깊이 마음에 새겼습니다. 그리고 그 만나의 은혜는 그로부터 그들이 가나안에 들어가 첫 수확을 거둘 때까지 계속되었습니다.

떡으로만 아니요

당장 먹고사는 문제가 막막한 상황 속에서 새벽에 나가라는 하나님의 명령은 이스라엘 백성들에게 유일한 희망이었습니다.

아마도 그날 새벽, 그들은 기대와 의심이 뒤섞인 묘한 심정으로 생전 들어 본 적 없는 만나를 거두러 나갔을 것입니다. 그런데 거짓말처럼 온 지면에 하나님께서 약속하신 양식이 가득했습니다. 그들에게 만나는 이제 단지 하루의 양식이 아니었습니다. 그것은 매일 매일 경험하는 하나님의 사랑의 선물이었으며, 젖과 꿀이 흐르는 아름답고 광대한 땅으로 인도하시겠다는 하나님의 약속의 표징이었습니다.

이 만나는 이스라엘 백성들을 가르치기 위한 하나님의 교재였습니다.

　이 만나는 안식일 전날을 제외하고는 늘 그날 먹을 것을 그날 거두어야만 했습니다. 그것도 햇살이 퍼지기 전 새벽에 거두어야만 했습니다.

　이스라엘 백성들은 만나를 공급받으면서, 인간이란 매일 매일 새롭게 하나님의 은혜를 공급받으며 살아가야 할 존재임을 배웠습니다. 그리고 하루가 지나면 벌레가 생기고 냄새가 나는 그 만나를 통해, 탐욕을 버리고 일상의 문제들을 하나님께 의탁하게 되었고 내일 일을 염려치 않는 신앙을 배웠습니다.

　물론 수십년 동안, 그 만나의 은혜가 계속되면서 사람들이 처음에 누린 감격과 깨달음들은 점점 흐려져 갔을 것입니다. 종종 게으름 피우다 만나를 못 거두기도 했을 것이고, 하늘로부터 공급되는 방식에 익숙해져서 그것이 하나도 놀랍거나 신기하지 않게 되었을 것입니다.

　그러나 처음에는 결코 그렇지 않았습니다. 이스라엘 백성들은 믿었습니다. 역사를 통해 볼 때 자기들이 섬기는 신에 의해서 이처럼 따뜻하게 보살핌을 받은 민족은 없었다는 사실을 말입니다. 즉, 이 만나의 경험은 이스라엘 백성들에게 영원히 잊지 못할 하나님의 사랑의 경험이요, 은혜로운 가르침이었습니다.

하나님의 말씀으로 살리라

그런데 우리는 지금 광야 생활 중에 있지도, 당장 내일 먹을 음식에 대한 염려 속에 있지도 않습니다. 그러나 그렇다고 해서 우리에게 만나가 필요하지 않은 것은 아닙니다. 지금 우리에게도 이러한 만나가 필요합니다.

유혹이 많고 슬픔이 많은 이 세상에서 그리스도인으로 산다는 것은 광야를 사는 이스라엘 백성들의 처지만큼이나 곤고하고 어려운 일입니다. 하나님의 자녀가 되어 세상을 살기 위해서는 세상이 공급해 주는 것이 아닌 하나님께서 공급해 주시는 힘이 필요하기 때문입니다.

이 세상을 살아가는 그리스도인들은 조금만 은혜가 떨어져도, 광야로 나온 이스라엘 백성들처럼 무수한 결핍에 시달리게 됩니다. 세상이 주는 것으로는 배부를 수도 만족할 수도 없기 때문입니다. 만약 세상이 주는 것만으로도 만족할 수 있다면, 그는 더 이상 그리스도인일 수 없습니다. 그리스도인이라면 세상을 살아갈 수 있게 만드는 힘을 하늘로부터 공급받아야 합니다.

이스라엘 백성들이 하늘로부터 내려오는 양식에 기대며 살았던 것처럼 우리의 영혼도 하늘로부터 부어지는 은혜에 기대며 살아야 하는 것입니다.

이스라엘 백성들에게 만나를 주셨듯이, 하나님께서는 지금도 우리에게 말씀을 보내십니다. 말씀을 베푸셔서 우리로 하여금 듣게 하시고, 그것을 통해 깨닫게 하십니다. 그리고 그것이 우리 영혼에 양식이 됩니다.

따라서 그리스도인이 하나님의 말씀으로부터 일용할 양식을 공급받으며 살아가기를 마다한다는 것은 곧 살아 있기를 포기하는 것입니다. 말씀을 먹지 않는다고 당장 목숨이 끊어지지는 않지만, 그리스도인이 말씀의 은혜 없이 살아간다는 것은 비록 살아 있다는 이름은 가졌으나 죽은 자처럼 사는 것입니다.

즉, 우리가 이 놀라운 기적을 통해 받아야 할 진정한 유익은, 이스라엘 백성들을 먹이신 하나님을 보며, "사람이 다만 떡으로 살 것이 아니요. 하나님이 입으로 나오는 모든 말씀으로 말미암아 살 것이니라"라는 진리를 우리 안에 새기는 데 있습니다.

하나님께서 이스라엘 백성들에게 만나를 내려 주신 것은 단지 그들의 생명을 유지시켜 주시기 위해서가 아니라, 이제 그들은 그렇게 하나님으로부터 공급되는 것에 기대며 살아야 하는 존재들임을 가르쳐 주시기 위함이었습니다.

만나를 내려 주신 그날부터 그 이후로 오랫동안, 이스라엘 백성들은 아침에 눈뜨고 일어나면 바로 바구니를 들고 들판으로 나아가 그날 먹을 양식을 하나님으로부터 공급받았습니다. 그것도 내일이나 모레까지 먹을 양식이 아니라, 오직 오늘 먹을 양식이었습니다.

이른 아침, 눈뜨자마자 오늘 먹을 양식을 하나님으로부터 얻었던 그들의 그 모습이 바로, 지금 우리의 살아가야 할 모습입니다.

하나님께서 주지 않으시면 살 방도가 없다는 겸비함으로 오늘 하루를 살 새로운 힘을 하나님께 구하여야 합니다. 광야와 같은 이 세상을 이길 힘이 오직 하늘로부터 임하기에…….

새벽에 거두는 하루 양식

더불어 우리는 하나님께서 그 양식을 공급해 주신 시간을 주목할 필요가 있습니다.

사실 만나가 언제 내려왔는지 정확한 시간은 알 수 없습니다. 그때 그 신령한 양식을 먹었던 이스라엘 백성들 중 그 누구도 언제 어떻게 만나가 내리는지 보지 못했습니다. 그저 이른 아침에 그들이 들로 나가면 이슬이 마른 자리 위에 그 만나가 있었습니다.

그러나 백성들이 그 만나를 거두었던 시간은 확실합니다. 이스라엘 백성들은 만나를 늘 이른 아침에 거두었습니다. 즉 새벽에 하나님으로부터 그날을 살 힘을 공급받았던 것입니다.

이것은 우리에게도 적용되는 원리입니다. 그렇다고 이 말이 우리가 새벽에만 하나님의 말씀을 볼 수 있다거나 꼭 새벽에만 말씀을 보아야 한다는 의미는 아닙니다.

이 만나의 사건은 하루를 시작하는 시간을 하나님의 말씀과 기도를 통해 하나님의 신령한 영향력을 공급받는 일에 바치는 것이 얼마나 적합한지를 암시하는 사건입니다.

하나님의 은혜에 푹 젖은 채 시작하는 하루는 이미 반쯤 승리가 확보된 삶입니다. 마음이 완전히 건조해지고 척박해진 상태에서 시작하는 하루가 이미 실패를 반쯤은 담보하고 시작하는 삶이듯 말입니다.

따라서 이 만나의 사건이 우리에게 주는 교훈은 아주 명료하고 간단한데, 그것은 바로 이른 아침에 경건의 시간을 가져야 한다는 것입니다.

가장 큰 기적이 무엇입니까? 우리의 삶에 일상적으로 되풀이되어야 할 기적이 무엇입니까? 정말 새벽마다 더러운 죄인들이 거룩하신 하나님과 만나는 것입니다. 거기서 세상을 이길 힘을 공급받으며, 우리의 마음의 더러움을 씻어 내는 것입니다.

그래서 매일 아침을 기도와 말씀으로 사는 꾸준한 경건 생활이야말로, 바로 매일 만나를 공급받으며 광야에서의 삶을 살아갔던 이스라엘 백성들처럼, 이 험악한 세상을 살아가면서 이길 힘을 하늘로부터 공급받는 비결입니다.

새벽에 기대하라

새벽은 하나님의 은혜로 마음을 촉촉히 적셔야 하는 시간입니다. 그런데 여러분은 새벽에 무엇을 하십니까? 여러분은 새벽에 성도의 삶에 어울리는 정상적인 하루의 출발을 하고 계십니까?

혹시 일어나자마자 세수도 하는 둥 마는 둥 하고 허겁지겁 직장으로 나가지는 않습니까? 이렇게 출발하는 하루의 삶에 거룩에 대한 갈망이 깃들일 수 없습니다. 그 삶에는 단지 치열하게 완수해야 할 일과가 있을 뿐입니다.

새벽에 조금만 더 일찍 일어난다면, 하나님을 묵상하고 얼마간의 시간을 기도에 바친다면, 아침 시간을 은혜에 대한 사모함으로 시작할 수 있습니다. 그리고 이렇게 시작하는 하루하루가 쌓여서 그 사람의 삶을 새벽 기도 없이 살아가는 사람과는 판이하게 다른 인생이 되게 합니다.

여러분은 아침에 눈을 뜰 때 하나님과의 만남을 기대하고 있습니까? 혹시 아침에 눈을 뜨면서 하루의 돈벌이나, 분주한 업무, 맛있는 점심 식탁이나, 금세 도착하는 버스, 전철의 빈자리를 기대하지는 않습니까? 그런 일들은 신경을 써야 할 일이지만, 그 새벽에 우리의 마음을 빼앗길 필요는 없는 일입니다.

신경 써야 하는 일들이 우리의 마음을 점령하도록 내버려 두지 마십시오. 그리스도를 믿지 않는 사람들에게는 이 세상이 안락한 보금자리이지만 그리스도의 사랑을 아는 우리에게는 여기가 그저 거쳐가는 광야일 뿐입니다. 이렇게 나그네와 같이 살아가는 우리에게는 이 세상을 이기면서 살아가게 할 거룩한 자원이 필요합니다. 그리고 기도와 말씀은 하늘로부터 자원을 공급받는 통로입니다.

하나님의 말씀이 우리의 굳은 마음을 깨뜨리고 그 깨어진 마음을 깊은 기도가 아침 이슬처럼 적실 때, 우리는 비로소 영적인 원기를 회복하고 하나님의 백성답게 이 세상을 이기며 살아갈 수 있는 것입니다.

하나님의 은혜와 사랑에 대해 이야기해 보라고 하면 꼭 10년,

20년 전으로 거슬러 올라가야 하는 사람들이 있습니다. 왕년의 간증들을 이야기하고 싶은 것입니다. 그러나 그것은 그 옛날에 경험한 은혜의 위대함을 말해 주는 것이 아니라 오히려 오늘날 하나님의 위대하심을 경험하며 살지 못하는 초라함을 보여주는 것입니다. 기도하는 그리스도인의 삶에는 날마다 간증이 있습니다.

이전에 아무리 강력한 은혜를 경험하였다고 할지라도, 그 감격이 현재적으로 유지되고 있지 않다면, 은혜 없이 사는 지금의 처지에 대한 위로에 불과합니다. 마치 더 이상 싸울 기력이 없을 정도로 폐인이 된 운동 선수가 그 옛날의 화려했던 선수 시절을 회상하는 것과 같습니다. 그것은 곧 오늘 만나는 하나님이 자신에게 없다는 것을 말해 줍니다.

새벽에 행하신 이 만나의 사건을 통해 우리가 하나님께 기대해야 하는 진정한 기적은 차에 치었는데도 죽지 않는다거나, 복권에 당첨되어 갑자기 부자가 된다거나 하는 것들이 아닙니다.

우리에게 필요한 것은, 아침에 경건의 시간을 가지며 말씀을 폈을 때 우리에게 오늘 하루를 살아갈 수 있게 하는 신령한 말씀을 내려 주시고 새벽 기도 시간에 은혜로 우리를 붙들어 주시는 것입니다. 하나님과의 친밀한 교제에서 오는 거룩한 감화로 하나님의 백성답게 살고자 하는 충성스러운 마음을 부어 주시는 것입니다.

이것이 바로 우리들이 기대하면서 살아가야 할, 매일 매일 반복되어야 할 가장 커다란 기적입니다.

이스라엘 백성들이 애굽을 떠나 가나안에 들어갈 수 있었던 것은, 하루하루 일용할 양식을 공급해 주셨던 기적적인 하나님의 은혜가 징검다리처럼 엮어져 이루어진 결과입니다.

따라서 우리는 한번 말씀을 듣고 충격을 받아 완전히 인생이 바뀌는 놀라운 일들만 기대하며 매일 매일 주시는 은혜 안에서 살아가는 일들을 경시해서는 안 됩니다.

생애적인 하나님과의 만남도 필요하지만, 매일 매일 성도다운 삶을 유지해 나가며 거룩한 자녀로서 경건하게 살아가는 일들도 그것 못지않게 중요합니다. 세상과 육체의 유혹으로부터 승리하며 살아가게 해주는 신령한 힘은 바로 그 매일 매일의 경건 생활로부터 비롯되기 때문입니다.

하늘 이슬에 젖으며 하루를 시작하라

우리에게는 만나를 거두어들이는 심정으로 새벽에 행해야 하는 일이 두 가지 있습니다. 바로 말씀 생활과 기도 생활입니다. 교회 역사로 볼 때에도 기도하는 것과 말씀을 보는 것, 이 두 가지는 개인의 경건의 삶을 하늘로 날아오르게 하는 두 날개였습니다.

만약 여러분이 매일 매일 성경을 읽지 않는 것을 커다란 문제라고 생각하지 않는다면, 여러분은 지금 영혼에 심각한 병을 앓고 있는 것입니다. 성경을 읽는 것은 성도의 기본적인 의무입니다. 아무리 특별한 사람이라 해도 매일 매일 성경을 읽지 않으면서 성도다운 삶을 살아갈 수는 없습니다.

우리는 은혜에 대한 강한 욕구를 갖고 아침마다 말씀을 대해야 합니다. 중요한 것은 어떤 방법으로든지 아침에 하나님의 말씀으로 우리의 영혼을 정결케 해야 한다는 것입니다.

그런데 이 말씀 생활의 성패를 결정 짓는 것이 바로 기도 생활입니다. 때때로 우리는 죄악으로 무디어진 자신의 영혼을 위해 깊이 기도해야 할 필요를 가지고 나왔음에도 불구하고, 그 기도에 대한 의무감만으로는 기도가 되지 않는 것을 경험합니다. 기도할 수 있도록 그 영혼에 충분한 원기를 북돋워 주는 말씀이 필요한 것입니다.

반대의 경우도 마찬가지입니다. 기도를 통해 하나님께서 사람들의 굳어진 마음에 잔잔한 은혜를 내리시면, 그 영혼도 부드러워지고 예민해져서 말씀을 보다 잘 깨달을 수 있게 됩니다. 즉 기도 생활과 말씀 생활은 이렇게 서로 깊은 영향을 끼치며 함께 가는 것입니다.

이처럼 경건 생활의 진보가 하루아침에 이루어지는 일이 아니기에, 우리는 매일 시간을 정해 꾸준히 경건 생활에 투자해야 합니다. 그리고 그 경건 생활의 은혜로 하루를 살기 위해서는 특별히 하루를 시작하는 아침, 그것도 분주함에 쫓기지 않아도 되는 새벽을 구별해 주님께 드리십시오. 새벽을 구별해 주님께 드리는 것은 곧 그 하루를 주님의 손에 맡기는 것입니다.

생각해 보십시오. 우리에게 오늘은 어제 죽어 간 사람들이 그처럼 살고 싶어했던 내일입니다. 그래서 더욱 주님의 손에 붙들려 살아야 합니다

기도가 좋다, 새벽이 좋다

그런데 여러분 중 어떤 분은 "왜 하필 새벽이어야만 하는가"라는 의문을 품으셨을 수도 있습니다. 경건 생활의 필요성은 인식하지만, 그것을 꼭 새벽에 해야 하는 것은 아니지 않는가 하고 말입니다.

우리는 이 문제를 만나의 사건을 통해 풀 수 있습니다. 이스라엘 백성들에게 광야 생활은 고단하고 고통스러운 생활이었을 겁니다. 늘 떠돌아다녀야 했기에 그들에게는 안락한 집이 없었습니다. 그저 잠시 유숙할 처소가 있을 뿐이었습니다.

노인이나 어린아이 할 것 없이 하루 종일 걸어야 했고 저녁이면 텐트로 만든 간이 숙소에 지친 몸을 뉘어야 했습니다. 따라서 그들에게도 새벽이라는 시간은 우리만큼이나 일어나기 어려운 시간이었습니다. 그런데 하나님께서는 굳이 만나를 새벽에 주셨고 새벽에 거두게 하셨습니다. 새벽에 무슨 신비한 의미가 있는 것도 아닌데 왜 부담스럽게 새벽에 만나를 거두게 하셨을까요? 모두 깨어 있는 정오나 해 질 즈음같이 좋은 시간을 놓아 두고 말입니다.

하나님께서 굳이 새벽에 이 이적을 베푸신 것은 새벽이 죽음과도 같은 어둠이 물러가고 빛의 날이 시작되는 시간이기 때문이었습니다. 깊은 잠 속에 빠져 의식 없이 누워 있다가 눈을 딱 뜨게 되는 것은 곧 매일 아침마다 새롭게 태어나는 것을 의미하기 때문입니다.

하나님께서는 죽음 같은 잠에서 깨어 그 하루를 살기 위해 새롭게 태어나는 당신의 백성들이 제일 먼저 당신을 대면하기를 원하셨습니다. 그래서 그 새벽에 그 사건을 베푸셨던 것입니다.

하나님의 마음은 지금도 마찬가지가 아닐까요?

우리가 눈을 뜨고 새롭게 하루를 시작할 때 먼저 하나님을 대면하기를 원하지 않으실까요?

그렇기 때문에 교회의 역사를 보면 신령한 삶을 이어갔던 사람들은 거의 모두가 새벽의 사람이었습니다. 아침에 눈을 뜨면서 늘 하나님을 생각하는 그런 사람들이었습니다.

그러므로 새벽의 경건 시간은 그저 기도하고 말씀 보는 일반적인 차원의 시간이 아닙니다. 주님이 주신 하루이기에 말씀을 보고 기도를 하며, 어떻게 살아가기를 원하시는지 하나님께 여쭈어 보는 시간입니다.

그러므로 새벽을 기도와 말씀의 시간으로 삼은 사람과 그렇지 않은 사람의 삶은 현격하게 다를 수밖에 없습니다.

사랑하는 여러분, 새벽의 시간을 하나님께 드리며, 오늘도 하나님께서 내게 다가오셔서 내 영혼을 만지고 지나가시기를 바라는 것이야말로 우리가 기대해야 하는 최고의 기적입니다.

만약 우리가 하루 이틀 하나님으로부터 주어지는 은혜를 받지 못한 채 살아가게 된다면, 처음에는 갈급하다고 느끼겠지만 곧 그 마음마저 잊어버리고 아무렇지도 않게 될 것입니다. 그렇게 되면 우리의 영혼은 기아로 죽어 가는 아프리카 사람들의 모습처럼 말라 갈 것입니다. 그리고 어쩌다 공적인 예배에서 은혜를 받는다고 할지라도 그 은혜를 간직하지 못할 것입니다.

이처럼 견고한 개인의 경건 생활이 없이는 거룩한 삶도 불가능한 것입니다. 왜냐하면 매일의 개인적인 경건 생활이 공적인 은혜의 생활과 함께할 때에 비로소 신실한 성도의 삶이 가능해지기 때문입니다.

하나님을 향한 충성은 일생에 몇 차례 결정적인 때에 보여 드려야 할 덕목이 아닙니다. 오히려 매일 되풀이되는 일상에서 매 순간 자신이 하나님의 사람이며 하나님을 가장 사랑하는 것을 입증하며 사는 것이 충성스러운 삶입니다.

새벽에 싸우십시오

여러분은 새벽 시간을 어떻게 보내고 계십니까?

여러분에게는 새벽 시간을 하나님과의 교제에 드리지 못하는 이유가 있을 것입니다. 고단한 일과와 피곤에 지친 생활 등, 새벽시간을 제대로 활용하지 못하는 데에는 물론 그럴 만한 이유가 있을 것입니다. 몸이 약해 수면 시간을 충분히 가져야 하는 사람일 수도 있고, 밤잠은 없는 대신 아침잠이 많아서 도저히 일찍 일어나지 못하는 체질의 사람일 수도 있고, 빠듯한 일과 때문에 밤늦게 잠들 수밖에 없는 사람일 수도 있습니다.

저도 새벽 기도가 힘들게 느껴지는 때가 있습니다. 건강이 특별이 나쁘지 않아도 밤늦도록 계속된 설교나 바쁜 심방 일정, 그리고 새벽까지 글을 쓰고 난 이튿날 새벽 기도는 정말 배나 힘듭니다. 그러나 오랫동안의 경험을 통해서 그 피곤을 이기는 효과적인 방법을 터득하였습니다. 새벽에 잠자리에서 일어나기가 너무 힘들고 괴로울 때, 가만히 마음속으로 이렇게 외치는 것입니다. 마음으로 하나님께 거수 경례하며, "충성!"

묵상해 보십시오. 지난밤 어느 때에 잠들었든지 간에 새벽에 광야로 나아가던 이스라엘 백성들을 생각해 보십시오. 이른 새벽, 진을 나설 때에는 피곤한 몸으로 가벼운 바구니를 무겁게 들고 떠나는 발걸음이었지만, 광야에서 돌아오는 그들의 바구니에는 하루를 살아갈 생명과 같은 양식이 가득하였고 마음에는 하나님의 은혜로 사는 감격이 있었습니다.

이러한 일은 여러분에게도 꼭 필요한 일이 아닙니까? 여러분은 하루를 무슨 힘으로 살아갑니까? 여러분 안의 근심과 욕심을 이기고 밖의 시험과 고난을 이기며 살 힘을 어디서 공급받으렵니까? 좋은 것은 항상 쉽게 얻어지는 것이 아닙니다.

  고난과 시련으로 점철된 고단한 삶을 사셨던 예수님의 생애를 생각해 보십시오. 그 분도 새벽에 기도하는 것이 쉽지만은 않으셨습니다. 우리와 같은 연약한 인간의 몸을 입으신 분이었지만, 우리를 위하여 자신을 드리는 마음으로 일생을 사셨기에 그리 하실 수 있었습니다.

  지금도 하나님께서는 새벽의 사람들을 기다리고 계십니다. 하루를 이기며 살 힘을 주시려고······.

새 — 벽 — 을 — 기 — 다 — 린 — 사 — 람 — 들

6

새벽에 뜻을 세우라

새벽 | 기도의 | 사람들

"하나님이여 내 마음을 정하였사오니
내가 노래하며 내 심령으로 찬양하리로다
비파야, 수금아, 깰지어다 내가 새벽을 깨우리로다"

(시 108:1-2)

새벽에 뜻을 세우라
- 다윗

해가 중천에 떠올라야만 어쩔 수 없이
기지개를 펴며 일어나던 다른 사람들과 달리,
하나님으로 인해 감격하던 시인은
하나님을 찬양하며 새벽을 맞이하였습니다.
새벽이 그를 깨운 것이 아니라, 그가 새벽을 깨웠던 것입니다.

신앙은 장거리 경주입니다

때때로 신앙 생활이 100미터 달리기 같다면 좋겠다는 생각을 합니다. 신앙 생활이 한번 있는 힘을 다 발휘해서 뛰면 되는 단거리 경주와 같다면 스피드를 확 내고 정말 장렬하게 불꽃같이 끝낼 수도 있을 것 같기 때문입니다. 하지만 애석하게도 신앙은 장거리 마라톤과 같습니다. 한번 은혜를 받고 불꽃처럼 산화하며 살기에는 인생이 너무 깁니다.

우리는 그리스도인으로서 나름대로 은혜도 많이 받고 또 깨닫기도 많이 했으면서도, 고작 이 정도의 삶밖에 살지 못하는 것일까요? 이러한 상황의 가장 큰 원인은 우리의 신앙 생활에 견고함이 없는 데에서 출발합니다.

"견고하다"는 뜻

견고하고 흔들리지 않는 신앙은 마라톤과 같은 우리 신앙의 여정을 승리로 이끄는 비결입니다. 그래서 사도 바울은 이렇게 말했습니다. "그러므로 내 사랑하는 형제들아 견고하며 흔들리지 말며 항상 주의 일에 더욱 힘쓰는 자들이 되라"(고전 15:58).

바울은 왜 "견고하라"와 "흔들리지 말라"는 비슷해 보이는 권고를 반복하였을까요? 바울이 이렇게 말한 것은 흔들리지 않는 모든 것이 다 견고한 것은 아니기 때문입니다. 영적 생활에서 견고함이란 단지 흔들리지 않는 것만을 의미하는 것이 아니기 때문입니다.

예전에는 전봇대를 나무로 세웠습니다. 지금이야 나무 대신 콘크리트를 쓰지만 몇 십 년 전만 하여도 전봇대를 만들 때 콜타르를 새카맣게 먹인 나무 기둥을 이용하였습니다. 그 나무 전봇대 역시 뿌리를 깊이 내린 나무처럼 여간해서는 흔들리거나 쓰러지지 않습니다. 그러나 그렇다고 해서 우리는 그 나무로 된 전봇대를 견고하다고 말하지는 않습니다.

그것은 그저 흔들리지 않을 뿐 견고한 것이 아닙니다. 나무로서의 본연의 기능을 충실히 해 나가는 상태가 아니라, 나무로서의 생명력을 잃어버린 채 그저 버티고만 있는 것이기 때문입니다. 나무가 견고하다는 평가를 받기 위해서는 흔들리지 않는 것과 함께, 땅속으로부터 양분을 흡수해 시절을 쫓아 잎을 내고 과실을 맺는 작용을 충실히 수행하고 있어야 합니다.

그리고 이것은 비단 나무만이 아니라 우리의 신앙 생활도 마찬가지입니다. 신앙적으로 볼 때, 신자가 견고하다는 판단을 얻기 위해서는 그저 꿋꿋이 그 자리에서 버티는 것 이상의 작용들이 필요합니다. 어떤 사람들은 타고난 성실성과 인내와 끈기로 흔들리지 않고 신앙 생활을 유지하기도 하지만, 그것이 견고함은 아닙니다.

견고하다고 할 때 그것은 그 사람의 영혼의 상태와 삶이 끊임없이 변천하는 가운데 그의 신자로서의 모양이 굳건하게 유지되는 것을 뜻합니다. 즉, 영적 생명력이 온전히 유지되는 가운데 흔들리지 않고 신자로서의 본분을 충실히 지켜 가는 것이 진정한 의미의 견고함입니다.

견고함의 기본 조건 : 마음을 정함

그러면 우리에게는 "무엇이 우리를 견고하게 하는가?", 또는 "어떻게 해야 견고해지는가?" 하는 문제가 남습니다. 사실 이것은 몇 권의 책으로 엮어 내더라도 부족하리만큼 방대한 해답을 요하는 문제입니다.

우선 간단히만 살펴보아도 하나님의 체계적인 말씀을 듣고 그 진리를 경험하는 것, 올바른 기독교 사상을 적립하여 하나님을 지식적으로도 깊이 알아가는 것, 또 매일 매일 성실하게 경건 생활하는 것, 신앙적으로 탁월한 사람들에 의해 돌봄을 받는 것 등등 견고함의 조건들은 끝이 없습니다.

한 나무가 다른 나무들은 모두 말라 죽고 쓰러져 죽었는데도 불구하고 수백년을 죽지 않고 살아 아름드리 거대한 종주목(種主木)이 되었다고 했을 때에 그 요인을 한두 가지로 간단히 설명할 수 없듯이 신자의 견고함을 설명할 때에도 같은 이치입니다. 신앙 생활에 있어서의 견고함은 한두 가지 요인으로 결정되지 않는 것입니다.

그렇지만 이 신앙 생활의 견고함은 늘 한 가지로부터 시작됩니다. 바로 마음을 정하는 것입니다. 물론 정한 마음이 다시 흔들릴 수도 있지만, 그 정한 마음이 다시 흔들리지 않고 굳게 서서 그대로 견고함에 이르는 계기가 되기도 합니다.

따라서 흔들릴 것을 미리 예상하고 마음을 정하기를 두려워하는 것은 올바른 신앙의 태도라고 할 수 없습니다. 견고함을 누리며 신앙 생활하는 사람들에게는 항상 마음을 정한 과거가 있기 때문입니다. 그리고 마음을 정해서 한번에 견고함으로 이른 사람도 있지만, 마음을 정하고 씨름하다가 넘어졌으나 다시 그렇게 마음을 정할 수밖에 없는 결론에 도달하여 다시금 마음을 먹고 견고함에 이르게 된 사람들도 얼마든지 있기 때문입니다.

우리가 흔히 쓰는 결단이라는 용어도 결국은 마음을 정하는 것의 다른 표현입니다. 굳이 결단과 마음을 정하는 것의 차이를 밝히자면 결단은 마음을 정하기 위해서 따르는 희생까지 기꺼이 감내하기를 각오하며 마음을 결정하는 것이고, 마음을 정하는 것은 문자 그대로 흔들리지 않기로 다짐하고 어떤 한 가지 목표에 자신의 정신을 고정시키는 것을 의미하는 것입니다.

마음을 정하는 일은 견고한 신앙 생활을 위해 필수적이며, 견고한 신앙 생활은 참된 성도의 삶을 위해 필수적인 요소입니다. 결국 마음을 정하는 것은 참된 성도의 삶을 좌우하는 중차대한 문제인 것입니다.

마음을 정하는 일이 이렇게 중요한 이유는 그 마음의 상태에 의해 생각과 정서 그리고 의지 등 모든 것들이 지배되기 때문입니다. 마음의 허락이나 동의 없이는 그 어떤 것도 우리에게 틈탈 수 없습니다.

죄와 불순종도 사실은 우리 마음의 암묵적 동의하에서 벌어지는 일이며, 거룩한 성도의 삶도 우리 마음이 거룩을 추구하는 가운데서 얻어지는 것이기 때문입니다.

마음을 정하는 일이 이토록 중요하기 때문에 뜻을 정한 신앙 생활과 정함이 없는 신앙 생활의 차이는 이루 말할 수가 없습니다. 당장 세상의 일만 보더라도 마음의 정함이 있고 없고의 차이는 확연히 드러납니다.

학교에서 학생들이 내는 리포트만 보더라도 낙제를 면하기 위해 억지로 써낸 리포트인지, 열렬한 탐구 정신으로 연구에 심취해서 쓴 리포트인지 금세 구분할 수 있습니다.

이처럼 세상조차도 마음을 정하고 열의를 쏟아 부어 한 일과 마음의 정함 없이 하라니까 한 일을 정확하게 구분해 냅니다. 한낱 세상이나 사람이 그럴진대 전능하신 하나님께서 왜 모르시겠습니까?

마음의 정함이 없는 사람에게는 구체적이면서도 신실한 목표가 있을 수 없습니다. 설령 있다 해도 마음을 정하지 않은 채 신앙 생활하는 사람들의 목표는 누구에게 보이기 위한 것이나, 아니면 자신의 양심을 달래기 위한 것에 그치기 일쑤입니다.

하나님의 기준이나 영혼의 요구에 따라 신앙 생활의 목표를 정하는 것이 아니라 자신의 양심을 달래기 위한 선상에서 합의를 보고 마는 것입니다.

마음에 불붙는 목표가 없다는 것은 마음의 정한 바가 없다는 것이며, 이것은 곧 인생의 초점이 없다는 것입니다. 우리가 인생의 초점을 예수 그리스도께로 맞추고 있는 진실한 그리스도인이라면, 우리에게는 하나님을 향한 불붙는 목표가 있어야 합니다.

아침에 일어나 눈을 뜰 때마다 그 하루에 허락하실 은혜에 대한 기대로 가슴이 뛰어야 하는 것입니다. 그러한 가슴 설레는 신앙적인 어떤 목표가 있을 때, 우리의 삶이 그 목표를 따라서 분명하게 자리를 잡고 흘러가기 시작합니다.

따라서 뚜렷한 목표가 없이는 결코 견고한 삶이 될 수 없습니다. 세상에서 손짓하면 그 쪽으로 가고 또 신앙에서 손짓하면 이 쪽으로 오면서 끊임없이 흔들리기만 하며 진보도 성숙도 없이 인생을 허비하고 말 것입니다. 그러므로 우리에게는 불타는 어떤 목표가 필요합니다. 그리고 그러한 뚜렷한 목표는 마음을 정하는 일에서부터 비롯됩니다.

마음에 정함이 없는 사람은 세상의 작은 시류에도 자리를 못 잡고 흔들립니다. 살아가다 보면 우리는 원하든 원하지 않든 다양한 일들을 만나고, 다양한 경험을 하게 됩니다.

그 과정 속에서 마음이 정해진 사람은 흔들리지 않고 자기의 길을 갈 수 있지만, 마음이 정해지지 않은 사람은 길을 잃고 헤매게 됩니다. 즉, 마음의 정함이 없고 견고하지 못하면 인생을 낭비할 수밖에 없게 되는 것입니다.

물론 어떤 사람은 이를 두고 다양한 체험이라고 의미를 부여하기도 합니다. 그러나 명심하십시오. 그리스도인으로서의 삶을 살고자 하는 사람은 그리스도에게만 집중하기에도 시간이 모자랍니다. 이것은 이런 사상 저런 주의를 배우는 일이, 다양한 자리에서 삶의 경험을 쌓는 일이 가치 없다고 주장하는 말이 아닙니다.

단지 인간의 삶이란 유한한 것이기에, 가치 있는 것이라고 무조건 쫓기보다는 좀더 나은 가치를 선별하여 추구하는 것이 옳다는 것입니다. 더구나 독약인지 양약인지 일일이 먹어 가며 판단하는 것은 지극히 무모하고 어리석은 일로 때때로 위험한 결과를 초래하기도 합니다.

따라서 유한한 인생을 낭비 없이 잘 살기 위해서는 성경의 진리를 깊이 이해하고 참된 것이 무엇인지를 분별하며 살아가기로 마음을 정해야 합니다. 하나님께서는 우리에게 성경을 주시고 지금도 끊임없이 말씀으로 권고하시는 것은 경험해 보지 못한 길도 경험한 것처럼 알게 하여 우리로 하여금 지혜롭게 살도록 하고 싶으셨기 때문입니다.

견고하지 않은 신앙 생활을 한 사람들은 나이가 들면 들수록, 천국이 가까우면 가까울수록 더 비참해집니다. 마음에 확정함이 없었기에 긴 생애를 살았음에도 불구하고 하나님 앞에 바쳐 드릴 만한 삶의 열매들이 없는 것입니다. 늘 시련이 닥치고 침체가 생기면 뜻을 꺾고 말았기에 그의 삶에는 거듭된 실패만 있을 뿐, 분투의 흔적과 영광의 승리는 찾을 수 없는 것입니다.

우리에게는 마음을 확정하는 일이 필요합니다. 인생을 사는 것은 물론이고, 작게는 매 예배시 설교를 들을 때에도 마음을 정해야 합니다. 하나님의 말씀은 매 순간 우리에게 결단을 요구합니다. 그러나 확정되지 않은 마음으로 설교를 들어서는 그 요구에 응답할 수 없습니다. 반응할 준비 없이 하나님의 말씀을 듣는 것은 진리를 단순히 즐기려는 오만한 시도에 지나지 않는 것입니다.

이것은 다른 모든 부분에도 적용되는 원리입니다. 성도라면 언제나 모든 일에 참여하기에 앞서 마음을 정해야 합니다. 큰일이건 작은 일이건 마음을 확정하고 행했을 때 비로소 그 일을 통하여 이루어지기 바라시는 하나님의 기대에 온전히 부응할 수 있기 때문입니다.

정말 견고한 사람이 되길 원한다면 자신의 삶을 꼼꼼히 살피면서 어떤 부분들이 결단을 요하는지 바르게 인식하고 하나님 앞에서 뜻을 세워야 합니다. 그 세운 뜻을 견고하게 붙들고 그 뜻에 매여서 살아갈 때 비로소 견고한 사람이 될 수 있기 때문입니다.

우리는 이 견고함에 대해 다니엘에게서 많은 교훈을 얻습니다. 얼핏 생각하기에는 풍요롭고 안온할 것같이 느껴지는 포로의 삶이 사실은 노예로 학대를 받으면서 사는 삶보다 훨씬 더 흔들릴 위험이 많은 삶이었습니다. 그러나 다니엘은 흔들리지 않고 견고하게 자신의 신앙을 유지했습니다.

그는 한 나라의 재상에까지 오른 인물이었지만 한시도 그러한 관직과 부귀영화에 마음을 빼앗기지 않았습니다. 그리고 그가 그렇게 살 수 있었던 것은 그의 마음이 오직 하나님께로만 정하여졌기 때문입니다.

다니엘서 1장 8절은 말합니다. "다니엘은 뜻을 정하여 왕의 진미와 그의 마시는 포도주로 자기를 더럽히지 아니하리라 하고."

어린아이의 뜻을 정하는 그 마음이 수십년 세월을 두고 무장되어 결국 다니엘로 하여금 흔들리지 아니하는 견고함으로 살아가게 하였던 것입니다. 기억하십시오. 다니엘의 견고함의 단초는 확정된 마음이었습니다.

확정된 마음에 감격이

그런데 본문에서 시편 기자는 이렇게 노래합니다. "내 마음을 정하였사오니 내가 노래하며 내 심령으로 찬양하리로다." 그러니까 마음을 확정하고 나니까 그 다음에 감격이 터져 나왔다는 것입니다.

하나님의 말씀을 따라서 그렇게 살기로 마음을 확정하는 일은 우리에게 실로 감격적인 일이 아닐 수 없습니다. 그것은 곧 하나님과의 관계 안에서 견고하게 살기를 다짐하는 일이기에, 그 마음의 정함은 하나님께도 인간에게도 기쁨이 됩니다.

그러나 확정된 마음 없이 그때 그때 상황을 쫓아가며 미적지근하게 신앙 생활하는 사람에게는 감격이 없습니다. 그런 사람들에게는 그 어떤 도전이나 권고도 명확한 깨달음이 되지 못하기 때문입니다.

성경도 이 문제를 분명히 지적합니다. "주께서 심지가 견고한 자를 평강에 평강으로 지키시리니 이는 그가 주를 의뢰함이니이다" (사 26:3).

하나님께서는 심지가 견고한 사람들을 평강의 평강으로 인도하신다고 말씀하셨습니다. 이 말은 하나님 앞에 뜻을 정하고 흔들리지 않으려고 애쓰는 사람들에게 하나님께서는 당신 자신을 많이 경험할 수 있게 해주신다는 의미로 해석할 수 있습니다.

우리는 이 의미를 늘 삶을 통해 경험합니다. 신앙 생활 속에서 우리는 크고 작은 여러 가지 결심들을 합니다. 그러나 새벽 기도에 나오겠다거나, 개인 경건 생활을 성실히 지키겠다거나 하는 그러한 결심들은 그저 마음의 작정일 뿐 아직 실현된 것이 아닙니다.

그럼에도 불구하고 깊이 승복하면서 진심으로 하나님 앞에 그렇게 하기로 작정할 때 우리에게는 새로운 힘과 용기가 샘솟습니다. 도무지 어려워만 보이던 그 일들이 가능해 보이고, 하나님께서 함께해 주시리라 믿어지는 것입니다.

우리는 경험으로 하나님께서 이러한 마음의 결심들을 얼마나 기뻐하시는지 알고 있습니다. 물론 하나님께서 제일 기뻐하시는 것은 그 결심대로 실천하는 삶이지만, 하나님께서는 아직 살지 않은 우리의 인생을 하나님 앞에 바치는 일도 그것 못지않게 기뻐하십니다. 그것은 오직 하나님을 위해 이제까지 살아왔던 삶의 방식을 바꾸겠다는 믿음의 결단이기 때문입니다.

순교의 결단은 거창한 일에만 요구되는 것이 아닙니다. 작은 일을 순교의 결단으로 행할 수 있는 사람만이 자신의 목숨도 하나님의 제단에 바칠 수 있습니다.

마음을 정한 사람들에게 하나님께서 감격을 허락하시는 것은 그 마음의 확정함을 하나님께서 기뻐하시기 때문이기도 하지만, 더불어 그 확정된 마음대로 살아가는 일이 얼마나 어려운 것인지 아시기에 그로 하여금 그렇게 살 수 있도록 돕기 위함입니다. 마음이 정해진 자들에게 하나님께서는 당신의 마음을 부어 주십니다.

아주 작은 것에서부터 마음을 정하며 살아가십시오. 그렇게 확정된 마음이 되면 감격이 솟아나고 찬양할 이유가 생겨날 것입니다. "아, 하나님께서 내 삶을 버려 두지 않고 간섭하고 계시는구나, 인도하고 계시는구나" 하는 감사가 물밀듯 밀려올 것입니다.

당신의 새벽은 누가 깨웁니까?

그런데 마음을 확정하고, 그 감격에 싸여 노래하던 시인은 다시 "비파야, 수금아, 깰지어다 내가 새벽을 깨우리로다"라고 고백합니다. 저는 이 구절을 대할 때마다 이 찬양이 떠오릅니다.

찬양하라 내 영혼아
찬양하라 내 영혼아
내 속에 있는 것들아 다 찬양하라.

본문의 고백을 할 때의 시인의 심정이 아마 이랬을 것입니다. 하나님께서 베푸신 놀라운 은혜와 물 붓듯이 부어 주시는 영혼의 감격 속에서 시인은 저절로 찬양이 솟아나오는 것과 같은 희열을 경험합니다. 그런데 아무리 목청을 높여 찬양하여도 도무지 그것만으로는 만족이 되지 않는 것입니다.

찬양하면 할수록 하나님은 한없이 귀하고 자신의 찬양은 한없이 부족하게만 느껴집니다. 그리하여 그는 눈에 보이는 모든 것들이 다 깨어나 자신과 함께 하나님을 경배하기를 원하게 됩니다. 비파와 수금이 깨어나 가장 아름다운 소리로 좋으신 하나님을 찬양해 드리기를 소망하는 것입니다.

심령의 감동은 거룩한 수단을 다 사용하여 하나님을 찬송하고자 하는 의지를 만들어 내었습니다. 그리고 그러한 의지는 그로 하여금 잠자는 시간마저 주님을 위해 사용하고 싶어하도록 만들었습니다. 해가 중천에 떠올라야만 어쩔 수 없이 기지개를 펴며 일어나던 다른 사람들과 달리, 하나님으로 인해 감격하던 시인은 하나님을 상고하고 찬양하며 새벽을 맞이하였습니다. 새벽이 그를 깨운 것이 아니라, 그가 새벽을 깨웠습니다.

우리가 하나님께로부터 입은 사랑이 시인보다 적습니까? 우리에게 주신 은혜가 하나님을 찬양하기에는 너무 사소한 것입니까? 그렇지 않습니다.

아아, 우리가 받은 사랑이 얼마나 놀랍고 큽니까? 시인이 단지 바라보고 즐거워하였던 그리스도를 우리는 만났고, 그 분은 십자가에서 우리를 위하여 자기의 생명을 모두 주셨습니다. 그리고 우리는 그 사랑의 증인이 되도록 아직 이 세상에 살아 있습니다.

우리에게도 시인 못지않게 주님을 찬양할 이유가 있습니다. 아니, 그 분의 선하심과 인자하심과 그 아름다우심을 찬양하지 아니하면 돌들이 소리를 지를 만큼 마땅한 이유를 가진 사람들입니다.

그렇습니다. 우리도 새벽을 깨워야 합니다. 시인이 좋으신 하나님을 경배하기 원해서 모든 피조물들을 깨우고 자기 자신을 깨웠던 것처럼, 우리도 그렇게 새벽을 맞이하여야 합니다. 다함이 없는 하나님의 선하심을 갈망하면서…….

7

부르짖음으로 눈뜨라

새 벽 | 기 도 의 | 사 람 들

다윗

"내가 새벽 전에 부르짖으며 주의 말씀을 바랐사오며"

(시 119:147)

07

부르짖음으로 눈뜨라

– 다윗

하나님을 사모하는 영혼들에게 새벽 기도는
첫 시간을 주님과의 만남에 바치겠다는 결단입니다.
그것은 매일 아침 하나님의 제단에 자신의 음성과 마음의 첫 열매를 바치는 것이며,
그 하루도 하나님의 은혜 안에 살고 싶다는 몸부림입니다.

시인의 아침

시편 119편은 "하나님의 말씀의 영광의 장", "모든 교리들의 낙원", "진리의 학교" 등 다양한 별명을 가진 긴 시로, 많은 구약학자들은 그 시의 저자가 다윗일 것이라고 추측합니다.

시인은 이 시 속에서 하나님의 말씀과 그리고 그 말씀이 자신의 삶을 어떻게 붙드는지에 대한 개인적인 고백들을 기술하였습니다. 따라서 이 시편 119편은 하나님 앞에서 시인이 가지고 있었던 사상과 그의 전생애의 농축이라고 해도 과언이 아닐 것입니다.

시인은 보이지 않는 하나님을 어떻게 사랑하는지, 하나님의 말씀을 지키면서 사는 것으로 입증하였습니다. 그는 하나님의 말씀을 거룩하신 하나님과의 만남의 도구로 삼으면서 살았습니다. 그래서 그는 진리의 사람이었고 동시에 하나님을 사랑한 사람이었습니다.

그런데 이 시인의 시편들을 보면 특별히 이른 아침에 대한 이야기들이 많이 나옵니다.

"여호와여 아침에 주께서 나의 소리를 들으시리니 아침에 내가 주께 기도하고 바라리이다"(시 5:3).

"아침마다 내가 이 땅의 모든 악인을 멸하리니 죄악 행하는 자는 여호와의 성에서 다 끊어지리로다"(시 101:8).

"아침에 나로 주의 인자한 말씀을 듣게 하소서 내가 주를 의뢰함이니이다 나의 다닐 길을 알게 하소서 내가 내 영혼을 주께 받듦이니이다"(시 143:8).

그리고 우리는 시편 119편과 위에 나타난 성경 구절로 미루어 시인의 아침이 어떠하였는지 짐작할 수 있습니다. 그에게는 이른 아침, 하나님 앞에 하는 두 가지의 익숙한 일을 있었습니다. 첫째는 기도하는 것이었고, 둘째는 하나님의 말씀을 묵상하는 것이었습니다.

시인이 살던 시대로부터 세월이 많이 흘렀지만, 신자라면 마땅히 행해야 할 아침의 의무는 바뀌지 않았습니다. 하나님께서 당신의 자녀들의 영혼에게 하늘을 향해 날아오를 수 있는 두 날개를 주셨는데, 그것이 바로 말씀과 기도입니다.

이 두 가지야말로 우리의 삶을 경건하게 만드는 원동력입니다. 하나님의 말씀을 통한 깊은 깨달음과 그 말씀을 토대로 드리는 간절한 기도는 하나님의 자녀들로 하여금 이 세상에 살면서도 이 세상에 묶이지 않고 하늘을 향해 날아오를 수 있도록 해주는 것입니다.

돌아갈 수 없는 철새

실제로 있었던 일입니다. 어떤 사람이 산책을 하다가 날개를 다친 철새 한 마리를 발견했습니다. 날개가 부러져 날 수가 없었던 그 철새는 친구들과 함께 떠나지 못하고 홀로 남은 것입니다. 그 사람은 그 새가 너무 불쌍해서 잘 치료해 주고 일년 동안 보살펴 주었습니다.

이듬해 그 새의 친구들이 다시 돌아왔습니다. 새를 보호하고 있던 사람은 친구들과 함께 떠나도록 그 새를 날려 주었습니다. 그런데 안타깝게도 그 새는 이번에도 친구들과 함께 떠날 수 없었습니다. 날개는 다 나았지만 그 동안 너무 살이 쪄서 날아오를 수가 없었던 것입니다. 날지 않으면 도저히 먹을 것을 구할 수가 없었던 예전과 달리, 인간에게 키워지면서는 편히 쉬면서도 날마다 배불리 먹을 수 있었지만 결국 그 새는 날지 못하는 새가 되고 말았던 것입니다.

새의 본분은 나는 것입니다. 그러나 날기를 게을리 하면 서서히 날개는 퇴화하고 다리는 굵어지면서 날 수 없는 새가 되고 맙니다.

그리스도인도 마찬가지입니다. 그리스도인의 본분이 말씀을 상고하고 기도하는 것이지만 서서히 그 일을 게을리 하다 보면 말씀도 깨닫지 못하고 기도도 할 수 없는 비참한 상태로 전락하고 맙니다.

이것은 고금을 막론하고 모든 그리스도인들에게 적용되는 공통의 원리입니다. 하나님의 자녀가 된 경건한 사람들도 경건의 연습을 그치면 하나님과는 거리가 먼 사람들로 살 수 있습니다.

어느 바이올리니스트는 이런 고백을 하였습니다. "하루를 연습하지 않으면 바이올린이 알고, 이틀을 연습하지 않으면 내가 알고, 사흘을 연습하지 않으면 청중들이 안다." 그렇게 일평생 바이올린만 연주하며 사는 사람도 연습의 공백이 표시 나기 마련인데, 하물며 완전히 숙련되지 않은 우리의 경건 생활의 공백이 우리 영혼에 미치는 영향은 얼마나 지대하겠습니까?

기독교 신앙에 대하여 아무리 다양한 견해들이 존재한다고 할지라도, 그것과는 상관없이 모두가 동의해야만 하는 한 가지 진리가 있습니다. 그것은 바로 말씀과 기도로 다져지지 않은 모든 신앙과 활동과 섬김은 모래 위에 쌓은 집과 같이 쓸모없는 것이라는 사실입니다.

따라서 교회에서 일꾼을 세울 때에도 제일 중요하게 보아야 하는 것은 개인적인 경건 생활입니다. 새들 중에 날지 못하는 새들이 존재하듯이, 그리스도인들 중에도 경건 생활을 하지 못하는 그리스도인들이 존재합니다.

신자에게 경건 생활이 없다는 것은 하나님으로부터 신령한 영향력을 공급받을 통로를 상실한 것입니다. 그리고 그것은 그리스도인으로서 생명력을 상실하였음을 뜻합니다. 팔이 없거나 다리가 없는 사람은 그래도 일할 수 있지만, 죽은 사람은 아무것도 할 수 없습니다. 그러한 사람의 섬김은 그 일이 무엇이라 할지라도 하나님을 위한 섬김이 아니라 사람의 일일 뿐인 것입니다.

시간이 아무리 흐르고 시대가 아무리 바뀌어도, 그리스도인의 삶이 말씀과 기도로부터 출발한다는 사실은 불변합니다. 꾸준한 말씀과 기도 생활이야말로 신앙 생활의 기초이자 완성입니다.

물론 이것은 매우 어려운 일입니다. 많은 사람이 경건 생활에 실패하는 것은 그 중요성을 모르기 때문이 아니라 실제의 삶에서 그것을 실천하며 사는 일이 매우 힘들기 때문입니다. 이것은 한두 번의 시도로 이루어지는 일이 아닙니다.

하나님의 말씀을 늘 읽고, 들은 설교를 깊이 묵상하며, 깨달은 대로 하나님 앞에 간절히 기도하는 것이 우리의 전체적인 삶의 토대가 되기 위해서는 한두 주의 실천 가지고는 안 됩니다.

그것은 자신과의 피나는 싸움과 눈물겨운 헌신 속에서 긴 시간에 걸쳐 천천히 몸에 배는 것입니다. 날마다 꾸준히 선하고 경건한 일들을 계속함으로써 조금씩 더 깊이 우리의 몸에 배도록 해야 하는 것입니다.

새벽의 사람이 되라

시인은 비교적 하나님의 마음에 합당한 삶을 살았던 사람입니다. 직접 본 것이 아니기에 구체적으로 알 수는 없지만, 그의 생애와 고백들로 미루어 짐작하건대 시인은 개인적인 경건 생활을 효과적으로 유지하기 위해서 몹시 노력하였던 사람임에 틀림없습니다. 아마도 시인은 경건 생활의 특별히 효과적인 시간에 대해서도 깊이 고민하였을 것입니다.

그런데 성경에 드러난 바에 의하면 시인이 경건 생활을 위하여 주로 할애하였던 시간은 아침과 깊은 밤이었습니다. 이른 아침과 깊은 밤, 우리는 이 두 시간이 만나는 새벽이라는 지점을 주목해야 합니다.

시인에게 그 시간은 하나님과의 친밀한 교제가 살아 있는 놀라운 은혜의 시간이었을 것입니다. 아직 해도 뜨지 않은 깊은 밤, 그는 홀로 일어나 아침이 찾아오기까지 기도하고 말씀을 묵상하였습니다. 이것은 단지 며칠 동안만 유지되었던 일이 아니라 시인의 삶 속에서 끊임없이 지속되었던 몸에 밴 생활 습관이었습니다.

시인은 새벽의 사람이었습니다. 남들이 다 잠들어 있는 이른 새벽에 그는 조용히 일어나 하나님을 만났습니다. 그리고 늘 그 감격을 품고 떠오르는 태양을 맞이하였습니다. 하지만 시인에게도 이것은 결코 쉬운 일이 아니었을 것입니다.

우리가 시인처럼 새벽의 사람으로 살지 못하는 것은 그렇게 새벽을 깨우는 삶이 좋음을 알지 못해서가 아닙니다. 우리에게도 새벽을 깨우며 살고픈 소망이 있습니다. 그 소망이 삶을 통해 실현되지 못하고 다만 소망으로만 머무는 것은 그렇게 살고자 하는 욕구가 곤하게 잠자고 싶은 욕구를 이기지 못하기 때문입니다.

사실 수면은 우리에게 음식만큼이나 중요한 것이며, 거의 누구에게나 꿀과 같이 달콤하고 편안합니다. 따라서 새벽에 그 달콤한 잠에서 깨어 포근한 이부자리를 박차고 나온다는 것이 얼마나 힘든 일인지 우리는 모두 너무나 잘 알고 있습니다.

많은 사람들이 새벽의 시간은 자신에게 너무나 불리한 시간이라고 생각합니다. 자신은 도저히 새벽을 하나님 앞에 바칠 수 없는 여건에 놓여 있다고 생각합니다. 하지만 시인의 삶을 볼 때, 그러한 모든 말들은 우리의 헌신되지 않은 삶에 대한 구차한 변명에 지나지 않음을 느끼게 됩니다. 시인이 야심한 밤에 깨어 하나님을 찾았던 것은 분주한 한낮의 일과로부터 시간을 구별하기 위한 어쩔 수 없는 선택이었습니다.

시인은 한 나라를 다스리는 왕이었습니다. 그에게는 결정하고 지휘하고 판단해야 하는 일이 끝도 없이 산적해 있었습니다. 시인이 잠을 자야 하는 밤 시간을 피해 낮으로 기도 시간을 잡았다면, 늘 그 시간은 분주한 일과들로 방해받았을 것입니다.

시인은 왕으로서 마땅히 하여야 할 업무와 하나님의 백성으로서 마땅히 바쳐 드려야 할 경건 중 그 어떤 것도 포기할 수 없었습니다. 그리하여 그는 결국 달콤한 잠을 포기하였습니다. 하나님과의 교제를 유지하고자 하는 간절한 소원이 잠을 몰아내었던 것입니다.

새벽 시간을 하나님께 바치는 것을 불가능하다고 생각하는 분들에게 묻고 싶습니다. 피곤하고 일이 많아서 새벽 시간은 현실적으로 불가능하다면, 그러면 가능한 시간은 언제입니까?

새벽 시간은 기도하고자 하는 신자의 마지막 보루입니다. 그 새벽마저 안 된다면 경건의 시간을 가질 만한 다른 시간은 거의 찾을 수가 없을 것입니다.

시간을 다스리며

주어진 시간은 유한하나 해야 할 일은 무한합니다. 따라서 우리에게는 보다 가치 있는 일을 선택하고 시간을 더욱 밀도 있게 사용해야만 한다는 문제가 대두됩니다.

하루의 삶을 효율적으로 사용하지 않고는 이 세상 속에서 그리스도인으로서의 정체성을 유지하며 살아갈 수 없습니다. 시인이 한 나라의 제왕으로서 본연의 임무를 수행하면서도 풍성한 영적 생활을 이어갈 수 있었던 것도 이러한 노력이 있었기 때문일 것입니다.

시간은 인간에 의해 사용되는 것이지만 인간의 뜻과 상관없이 그 나름의 질서를 따라 흘러가는 것입니다. 그러므로 시간을 밀도 있게 주도적으로 사용하지 못하면, 늘 시간에 쫓기는 삶을 살게 됩니다. 우리가 시간에 쫓기기 시작하면 시간의 지배에서 벗어날 수 없습니다. 그래서 시인은 시간의 지배를 당하지 않기 위해 주도적으로 시간을 활용하며, 오히려 시간을 앞서갔습니다.

시인을 비롯한 경건한 사람들은 하루라도 시간을 덧없이 흘려보내지 않기 위해서 조바심하며 살았습니다. 그러나 지금 우리는 수개월 아니 수년을 허비하면서도 아까워하지 않습니다. 이 차이가 시인의 삶과 우리의 삶과의 메울 수 없는 간격의 출발입니다.

시간이 흐르는 대로 몸을 맡기고 살아서는 하나님께서 원하시는 삶을 살아 드릴 수 없습니다. 시간을 이겨야 합니다. 시간과의 싸움은 아침에 잠에서 깨어나는 순간부터 시작됩니다. 시간에 쫓겨 하루를 시작하는 것이 아니라 먼저 일어나 새벽을 맞이해야 옳습니다. "내가 새벽 전에 부르짖으며"라는 본문의 고백처럼 말입니다.

하나님과의 교제를 위하여 새벽 시간에 일어나지 못하는 것은 체질이나 건강의 문제만은 아닙니다. 문제는 하나님과 교제하는 새벽의 가치를 어느 정도로 중시하느냐 입니다.

새벽 기도의 가치를 제대로 인식하지 못하고 있는 사람들은 그것을 중요하게 생각하지 않습니다.

아무리 다양하게 변명한다 할지라도, 성도가 기도하지 않는 것은 하나님께 대한 사랑이 부족하기 때문입니다.

건강을 생각하는 사람들은 이른 새벽에 눈 비비고 일어나 조깅을 하고, 성공을 꿈꾸는 사람들은 이른 새벽부터 자기 발전을 위하여 일과를 시작합니다.

이른 새벽, 운전을 배우기 위하여 집을 나서는 사람들, 무거운 가방을 들고 새벽 학원을 향하는 학생들, 커다란 수레를 끌고 하루의 장사를 시작하는 사람들을 생각해 보십시오. 우유 배달부나 신문 배달부나 청소부들이 홀로 새벽을 깨우게 하여야 하겠습니까? 하나님을 사랑하는 우리가 먼저 일어나 그들을 위하여 기도하고 하루의 세상에 하나님의 영광과 주권이 충만하게 나타나도록 기도하여야 하지 않겠습니까?

자신의 환경이 도저히 기도하는 삶을 살 수 없게 한다면, 그것은 하나님께서 주신 삶이 아니라 자신이 선택한 것입니다. 참으로 사는 것처럼 살려면 그러한 환경을 버리고 하나님을 붙들어야 합니다.

하나님과 대면하는 시간을 희생하면서 쌓아 올린 일생의 업적이 하나님을 기쁘시게 할 가능성은 매우 적습니다. 왜냐하면 그 삶을 산 당사자가 하나님께서 기뻐하시는 사람일 리가 없기 때문입니다.

하나님의 역사를 이끌어 간 기도의 사람들을 보십시오. 자신을 기도에 바치며 산 사람들 치고 충분한 수면을 누렸던 사람들은 거의 없습니다.

기도의 사람들에게 이른 새벽은 잠자는 시간이 아니라 기도하는 시간이었습니다. 해도 아직 뜨지 않은 그 이른 새벽에 깨어 기도할 수 있었던 것은 그들이 온전히 하나님을 향한 사랑 안에서 헌신되어 있었기 때문입니다.

기도는 헌신입니다. 시간과 몸과 마음, 자신의 존재 전부를 헌신하여 맺는 열매가 기도입니다.

따라서 시간을 다스리고 육신의 욕망을 이기지 않고서는, 절대로 참된 기도자가 될 수 없습니다.

하루의 첫 열매를 드립니다

새벽에 드리는 기도는 번잡한 삶의 염려로 훼방받지 않습니다. 새벽은 새롭게 소생하는 만물을 통해 창조주 하나님의 영광을 가장 생생하게 느낄 수 있는 시간입니다.

예외적인 경우가 없는 것은 아니지만, 많은 그리스도인의 공통된 고백이 새벽의 시간에 하나님과 대면할 기회를 놓치면 하루 종일 그런 기회를 갖기 힘들다는 것입니다. 하지만 새벽 기도는 그러한 시간적인 한적함 이상의 의미를 갖고 있습니다.

하나님을 사모하는 영혼들에게 새벽 기도는 하나님의 얼굴을 뵙기 전에는 이 땅의 것들을 보지 않겠다는 결단입니다. 그것은 매일 아침 하나님의 제단에 자신의 음성과 마음의 첫 열매를 바치는 것입니다. 그렇게 하나님과 더불어 하루를 시작하여 그 하루도 은혜의 날로 만들려는 거룩한 시도인 것입니다.

새벽 기도의 이 소중한 의미를 외면한 채 경건의 시간을 놓치며 살아가게 되면 그 영혼은 점점 피폐해져 나중에는 기도하려는 욕구조차 잃어버리고 맙니다.

처음에는 자기가 기도하기 싫어서 기도 시간을 놓치지만, 나중에는 기도가 그 사람을 거절하는 것입니다. 경건 생활을 놓치고 살던 날이 길면 길수록, 나중에 그 곤고함을 견딜 수 없어 무릎을 꿇게 되었을 때 느끼는 거절감이 커질 것입니다.

우선은 직접 시도해 보십시오. 새벽 기도는 이성적으로 예상하고 계획하여 긍정적인 결과가 도출되었을 때 시작하는 일이 아닙니다. "그럼에도 불구하고"의 정신으로 담대히 결단하고 시행하여야 하는 일입니다. 상황이 주어지기를, 시간이 나기를 기다려서는 영원히 기도할 수 없습니다.

하나님께서 은혜를 베푸시면 시간에도 오병이어의 기적이 일어납니다. 하나님께서 그 전능한 팔을 드시고 시간을 축복하시면 똑같은 시간을 가지고도 이전보다 더 많은 일을 하고 더 많은 열매를 맺으며 살 수 있습니다.

하나님께서 함께해 주시면 매일 여덟 시간을 자야 하던 사람이 여섯 시간 자고도 활기차게 생활할 수 있고, 네 시간 걸리던 일을 두 시간 만에 마칠 수 있습니다.

하나님의 전능하심을 의뢰하며 용기 있게 자신을 새벽 기도에 헌신해 보십시오. 하나님의 축복이 자신은 물론이고 자신이 누리던 시간 위에도 함께하심을 경험하게 될 것입니다.

새벽 기도하고 싶은 그대에게

따라서 지금 우리의 새벽 경건을 위해 가장 우선적으로 필요한 것은 상황의 개선이나 환경의 변화가 아닙니다. 어찌하든지 새벽 시간을 주님께 드리겠다는 결단입니다. 우리가 이를 위하여 온전히 결단하고 뜻을 정하면 하나님께서는 어떤 방식을 사용하시든지 도우실 것입니다. 기본적인 경건 생활이 세워지지 않고서는 절대로 받은 많은 은혜들을 유지해 나갈 수 없습니다.

개인적인 경건의 삶은 하나님의 은혜를 담을 수 있는 그릇과 같은 것입니다. 그 그릇이 견고하고 탄탄하게 마련되어 있을 때에만 부어 주시는 하나님의 은혜를 영혼에 담을 수 있는 것입니다.

시인을 비롯한 경건한 믿음의 사람들이 새벽의 시간을 소중하게 생각했던 것은 그 때가 하나님을 만나기 가장 좋은 시간임을 알았기 때문입니다. 하나님의 성품에 대한 묵상이 주는 위로와 은혜 가운데 살기 위해서는 그 새벽에 하나님과 교제하는 일이 꼭 필요하다는 사실을 경험적으로 알았기 때문입니다.

지금 이 책을 읽고 있는 여러분의 새벽은 어떻습니까?

첫 열매로 구별되어 하나님께 바쳐지는 새벽입니까?

새벽에 충성하라

새 벽 | 기 도 의 | 사 람 들

"새벽 오히려 미명에
예수께서 일어나 나가 한적한 곳으로 가사 거기서 기도하시더니"

(막 1:35)

08

새벽에 충성하라

― 예수님

늦은 밤까지의 고단한 섬김으로 힘이 진하신 그 이튿날도
자신을 새벽 기도에 바치신 주님의 생애는
환경과 쉽게 타협하는 우리를 면목없게 합니다.
예수님께서 이처럼 매일 매일 죽으시는 것처럼 기도하며 사셨던 이유는
바로 우리를 살게 하고 싶으셨기 때문입니다.

예고편이었습니다

이 마가복음 1장은 예수 그리스도께서 처음 제자들을 부르시고 사역을 시작하시는 장면을 소상하게 기록하고 있습니다. 그리고 이 짧은 기록을 통해서 우리는 십자가를 지시기까지 이어질 그 생

애의 모형을 봅니다. 당신의 살을 깎아 우리를 위하여 주실 생애를 말입니다.

성경은 우리에게 예수 그리스도의 모든 생애를 말해 주지는 않습니다. 성경은 공생애 기간 이전의 예수님의 생애에 대하여 갓난아이 시절과 12세 무렵만 잠깐 거론할 뿐입니다.

성경에 언급되지 않은 그 기간들 동안 예수님께서 구체적으로 어떻게 지내셨는지 다 알 수는 없지만, 우리는 그 기간 동안 예수님께서 기도와 말씀에 매진하며 하나님과의 깊은 만남을 누리셨을 것을 믿어 의심치 않습니다. 공생애 동안 보여주신 그 분의 삶과 십자가의 죽음이 그 보이지 않는 삶이 어떠하였는지를 증명하고 있기 때문입니다.

예수 그리스도께서 기도함으로 십자가를 맞이하고, 기도함으로 그 인생을 끝낼 수 있으셨던 것은 그 분의 삶이 오랫동안 기도 위에 뿌리 내리고 있었기에 가능한 일이었습니다. 바쁘고 고단한 공생애 기간의 삶 속에서도 기도의 끈을 놓치지 않을 수 있었던 것은 그 분의 생애 전반이 기도로 물들어 있었기 때문입니다.

삶 속에 기도 생활이 깊이 뿌리를 박는 것은 어느 날 갑자기 이루어지는 일이 아닙니다. 그것은 긴 시간 동안 누적된 기도의 습관이 만들어 낸 자연스런 결과입니다. 예수 그리스도께서는 평생을 기도로 살아오셨기에 기도로 인생을 마칠 수 있으셨습니다.

이러한 삶은 그 분이 하나님의 아들이었기에 가능했던 것이 아니라, 그 분이 기도하는 사람이었기에 가능했던 것입니다.

예수님께서는 이렇게 사셨습니다

예수 그리스도께서는 결코 한가하게 인생을 살지 않으셨습니다. 혹시라도 예수 그리스도께서 쉽게 시간을 내실 수 있었기에 충분한 기도 생활을 할 수 있었다고 생각한다면, 그것은 결단코 잘못된 생각입니다. 우리 이상으로 예수님께서는 기도할 시간이 없으셨습니다.

마가복음 첫 장에 나타난 예수님의 하루 일과를 살펴보면 그 분이 얼마나 바쁘고 곤한 인생을 사셨는지 명백히 알게 됩니다.

예수님께서 제자들과 함께 가버나움에 들어가시던 그 날은 안식일이었습니다. 그 분은 지체 없이 회당을 찾아 들어가 가르치는 사역을 시작하셨습니다. 그런데 그 가르치는 것이 서기관들과 틀렸기 때문에 그리스도의 가르침을 들으며 사람들이 엄청나게 놀랐습니다.

예수님의 교훈 속에는 서기관들의 가르침에는 없던 그 무엇인가가 있었는데, 그것은 일종의 영적 권세였습니다. 똑같은 성경을 두고 하는 비슷한 이야기인데도 예수님의 가르침에는 서기관들의 그것에는 없었던 감화력이 있었습니다. 사람들은 거역할 수 없는 어떤 큰 힘과 권세를 느꼈습니다. 그들이 깜짝 놀란 것도 바로 이 때문이었습니다.

그런데 이 이후에 일어난 사건은 더 더욱 예수 그리스도의 권세를 확인시켜 줍니다. 바로 그 회당에서 귀신 들린 사람이 예수 그리스도를 향해 소리를 질렀기 때문입니다. 귀신 들린 사람은 예수님이 누구신지를 알아보고 두려워 떨었습니다. 마가복음은 이 사건을 이렇게 기록합니다.

"마침 저희 회당에 더러운 귀신 들린 사람이 있어 소리질러 가로되 나사렛 예수여 우리가 당신과 무슨 상관이 있나이까 우리를 멸하러 왔나이까 나는 당신이 누구인 줄 아노니 하나님의 거룩한 자니이다 예수께서 꾸짖어 가라사대 잠잠하고 그 사람에게서 나오라 하시니 더러운 귀신이 그 사람으로 경련을 일으키게 하고 큰 소리를 지르며 나오는지라 다 놀라 서로 물어 가로되 이는 어찜이뇨 권세 있는 새 교훈이로다 더러운 귀신들을 명한즉 순종하는도다 하더라"(막 1:23-27).

이전에는 일어나지 않았던 이런 일들이 예수 그리스도께서 나타나시자 일어났습니다. 귀신 들린 자가 먼저 예수님이 그리스도이신 것을 알아보았습니다. 하나님의 말씀의 권세가 그 귀신 들린 자의 마음에 닿아, 그 영혼을 사로잡고 있는 악한 사단에게 충격을 주고 위협을 가하였던 것입니다. 귀신은 예수님의 말 한마디에 쫓겨 나가고 사람들은 모두 놀랐습니다. 그리고 권세 있는 예수 그리스도와 그 분의 새 교훈에 대한 소문이 온 갈릴리 사람들에게 전해졌습니다.

그 일 후에 예수님께서는 시몬의 집으로 가셨는데, 그곳에는 시몬의 장모가 열병에 걸려 누워 있었습니다. 그러나 예수님께서는 그 병든 여인도 고치셨습니다.

이윽고 해가 저물어 갈 때에 예수님의 소문을 들은 사람들이 병자와 귀신 들린 자를 데리고 예수님께로 나아왔습니다. 종일 여러 곳을 돌아다니며 말씀을 가르치신 예수님께 그 시간은 겨우 찾아온 휴식의 시간이었을 것입니다. 그러나 당신이 쉬셔야 한다는 이유로 그 곤고한 영혼들을 물리칠 수 없으셨기에 예수님께서는 주저하지 않으시고 그들에게로 다가가 병자들을 고치시고, 귀신을 내어 쫓으셨습니다. 그리하여 문제를 안고 예수님을 찾아왔던 사람들은 모두 그 분의 돌보시는 은혜를 입고 돌아갔습니다.

그 많은 사람을 치유하는 데 얼마나 걸렸는지 구체적으로 알 수는 없지만, 뒤에 나타난 예수 그리스도의 사역의 태도들로 미루어 보건대 결코 모든 문제를 "모두 병 낫거라"라고 한마디 하심으로써 단번에 해결해 버리지는 않으셨을 것입니다. 예수님께서는 지치고 상한 영혼들 하나하나를 자상하게 고치시고 어루만지셨을 것이며, 무지한 영혼들에게 참된 믿음을 가르쳐 주기 위해 두 번 세 번 말씀해 주셨을 것입니다. 밤이 늦도록 예수님께서는 그렇게 일하셨습니다. 그리고 마지막 남은 한 사람마저 고침받고 돌아간 뒤에야 겨우 쉴 시간을 얻으셨습니다. 이 모든 일이 하루 동안에 일어난 일입니다.

　보십시오. 오히려 그 분은 우리보다 더 바쁘고 고단하게 하루하루를 사셨습니다. 그 분은 이렇게 도움을 필요로 하는 많은 사람들에게 에워싸이셨고, 기력이 진하도록 설교하시고 병자를 고치셨으며, 한곳에 머물지 못한 채 두루 다니셔야만 했기 때문입니다.

　그러나 예수님께서는 그 고단한 생애 가운데에서도 기도를 멈추지 않으셨습니다. 본문은 이 바쁜 일과들 속에서 예수님께서 어떻게 기도 생활을 유지하셨는지 우리에게 보여줍니다. "새벽 오히려 미명에 예수께서 일어나 나가 한적한 곳으로 가사 거기서 기도하시더니"(막 1:35).

예수님께서는 이런 고단한 하루를 보낸 다음날 새벽, 그것도 오히려 미명에 기도하러 나가셨습니다. 하루 중에 가장 이른 시각, 그것도 아직 어둠조차 채 물러가지 않은 이른 새벽에 예수님께서는 일어나셔서 한적한 곳으로 나아가서 기도하신 것입니다.

주님은 이렇게 자기를 모두 바치는 희생으로 매일 매일 안일함을 포기하며 사셨습니다. 예수님의 아름답기 그지없는 우리를 위한 희생의 생애는 이처럼 하루하루의 헌신으로 바쳐진 것이었습니다.

매 순간 하나님과 우리를 사랑하시는 마음으로 연약한 육체를 이기시며 기도하셨던 것입니다. 타협이 없는 예수님의 새벽 기도의 삶을 뵈오면서 우리는 부끄럽습니다. 그렇게 살지 못하기 때문입니다.

아, 우리의 안일함을 용서해 주시기를…….

주신 능력을 기도로 유지하심

그런데 예수 그리스도의 사역을 가만히 쫓아가다 보면 그 분의 능력은 정말 끝이 없다는 생각이 들게 됩니다. 시몬의 장모를 고쳐 주시던 그날만 해도 무수히 많은 사람들의 병을 고치고 귀신을 쫓아내셨습니다.

더 놀라운 것은 이러한 큰 능력이 그 다음날에도 그 다음날에도 여전히 이어진 것입니다. 돌아가시는 그 순간까지 예수님께서는 끊임없이 놀라운 능력들을 행하셨습니다. 중풍병자와 앉은뱅이를 일으키시고, 죽은 자를 살리시던 그 분의 능력은 날이 거듭되고 해가 바뀌어도 지치지 않고 계속되었습니다.

도대체 무엇이 끊임없이 이 영적인 능력을 솟아나게 하였을까요? 예수 그리스도의 놀라운 능력의 비밀은 과연 무엇이었을까요? 그것은 바로 희생적인 기도 생활이었습니다.

실제로 자신을 드리는 희생이 없이는 결코 영적인 생활이 이루어지지 않습니다. 하나님께서는 은혜 줄 만한 자들에게 은혜를 주시기 때문입니다. 예수 그리스도께서는 밤늦도록 귀신을 내어 쫓고, 병든 자를 고치시고, 하늘나라의 참된 도를 가르치셨습니다. 그런 후에야 겨우 쉬실 수 있었습니다.

그런데 그 다음날, 새벽 미명에 그 분은 일어나셨습니다. 가장 꿀같은 잠이 쏟아져 올 그 시간을 기도에 사용하셨던 것입니다.

늘 예수님과 함께하던 제자들의 곁을 잠시 떠나 어둠을 가르며 한적한 곳으로 나가셨습니다. 사람들은 "예수님처럼 기도하길 원해요" 하며 소리 높여 찬양하지만, 사실 예수님처럼 기도한다는 것이 무엇인지 잘 모르고 있는 경우가 많습니다.

예수님의 기도는 눈물겨운 희생 위에서 피어났습니다. 예수님께서 새벽 미명에 일어나 기도하러 나가신 것은 결코 이날 하루에 국한된 일이 아니었습니다. 그것은 그분의 생애 가운데 깊이 뿌리내린 습관이었습니다. 그러나 그 분에게도 기도는 힘들었습니다.

기도하기 위해 이른 새벽에 일어나는 것이 그 분이라고 쉬웠겠습니까? 곤한 육신은 천근 만근의 무게로 예수 그리스도의 발걸음을 붙들었을 것입니다. 서늘한 밤공기는 지치고 상한 그 분의 몸을 사정없이 에었을 것입니다. 부족한 수면이 주님의 눈꺼풀을 무겁게 하였을 것이며, 피로에 젖은 여리신 몸은 쉴 새 없이 그 분에게 휴식을 요구했을 것입니다.

그러나 예수님께서는 단호하게 떨치고 기도하러 가셨습니다. 새벽 미명에, 한적한 곳으로……

힘들고 곤했지만, 귀신에 눌려 고통하고 병마에 시달리며 신음하는 가엾은 백성들의 모습이 눈에 아른거려 가만히 쉬고 있을 수 없으셨던 것입니다. 예수 그리스도께서 이렇게 새벽 미명에 고요히 일어나셔서 한적한 곳으로 가셨던 것은 예수님 자신에게 해결하지 않으면 안 될 문제가 있어서가 아니었습니다. 그 분은 죄가 없으신 분이었고, 따라서 회개할 필요도 없었습니다.

그런데도 그 분은 굳이 그 힘든 새벽 시간에 일어나 기도하셨습니다. 그 분은 하나님께서 성령을 한량없이 주신 분이었습니다. 하나님의 모든 권세와 능력이 그분에게도 있었던 것입니다.

그러나 예수 그리스도께서는 당신의 영력에 의지하지 않으셨습니다. 심지어는 하나님께로부터 받은 한량없는 성령도 의지하지 않으셨습니다. 그 분은 자기 안에 있는 능력을 의지하지 않으셨습니다. 오히려 한없이 겸비하여져서 하나님 아버지를 의지하셨습니다.

하나님의 아들이심에도 매일 매일 하늘의 아버지가 새롭게 은혜를 주셔야만, 그날도 고통하는 자들을 건질 수 있다고 생각하셨던 것입니다.

그래서 예수님께서는 이른 새벽마다 한적한 곳으로 나가 기도하셨습니다.

고독한 시간을 찾아서

그런데 왜 한적한 곳으로 가셨던 것일까요? 이 한적한 곳이라는 단어는 원어 의미상 "외로운 장소", "고독한 처소"를 의미합니다. 즉 사람이 찾아오지 않는, 방해받지 않는 장소를 가리킵니다.

기도는 어느 곳에서나 할 수 있는 일입니다. 그러나 깊이 기도하기 위해서는 방해를 받지 않을 수 있는 구별된 장소가 필요합니다.

여러 가지 어려움을 무릅쓰고 예수님께서 굳이 새벽을 기도 시간으로 택하신 것도 따지고 보면 그 때가 가장 방해가 적은 시간이었기 때문입니다.

사면이 밝을 때는 사람들이 수시로 찾아오기 때문에 집중해서 기도하기가 힘이 듭니다. 또한 다른 여러 가지 일들로 분주하여 온전히 시간을 구별하기도 어렵습니다.

새벽은 다행히 여러 가지 일과와 사람들로부터 자유로운 시간입니다. 새벽을 방해하는 방해꾼이 있다면 그것은 오직 잠뿐입니다. 이 졸음과 잠만 축출해 낸다면 새벽은 전혀 방해받지 않는 완벽한 시간이 될 수 있었습니다.

장소 역시 마찬가지입니다. 깊고 집중된 기도를 원한다면 기도의 장소도 시간처럼 구별되어야 합니다. 예수님께서는 여러 가지 방해를 피하기 위해 기도 장소를 일부러 한적한 곳으로 고르셨습니다. 그리고 그곳에 가서서 하나님 앞에 간절히 기도하셨습니다.

예수 그리스도께서 얼마나 집중하여 기도하셨는지는 그 다음

구절이 잘 나타내 줍니다. 그 분은 사람이 와서 찾을 때까지 기도하셨습니다.

기도를 하면서 느끼는 것 한 가지는 기도는 많이 한다고 숙달되는 것이 아니라는 것입니다. 기도의 친밀한 상태는 기도자의 영혼의 상태에 따라 늘 가변적입니다. 기도에는 숙달이 없습니다.

그러나 기도를 많이 하면 기도의 시간이 점점 길어지기는 합니다. 이것은 숙련의 문제가 아니라, 기도를 하면 할수록 기도가 구체적이 되고 기도의 제목이 많아지기 때문에 자연스레 나타나는 현상입니다.

일반적으로 처음 기도하는 사람은 두 시간 세 시간 기도할 수 없습니다. 기도의 날들이 쌓이고 쌓여 10분 하던 기도가 30분이 되고 30분 하던 기도가 3시간이 되는 것입니다.

이날 예수님의 기도는 동이 트고 사람들이 잠에서 깨어 예수님을 찾아 나설 때까지 계속되었습니다. 그리고 예수님께서 이처럼 길게 기도할 수 있었던 것은 그 분이 많이 기도하였기 때문임과 동시에 시간과 장소를 구별하여 방해받지 않고 집중할 수 있었기 때문입니다.

신앙 생활을 하다 보면 바쁜 일에 시달리는 시간에 사람들로부터 방해받기 일쑤인 장소에서 기도해야 하는 경우도 생깁니다. 우리는 그 때도 기도해야 합니다. 기도가 필요한 자리라면 한적하지 않아도 기도해야 합니다.

그러나 그것과는 별개로 여러 가지 방해로부터 벗어난 특별한 기도의 시간들도 필요합니다. 이렇게 구별된 기도가 요구되는 것은 당장의 필요나 눈앞에 닥친 문제를 해결하기 위해서가 아닙니다. 한적하게 구별된 시간과 장소에서의 기도는 궁극적으로 자신의 영혼을 돌보기 위해서 필요합니다.

예수님께서는 이 새벽, 아직 어둠이 가시지 않은 시간에 한적한 곳에서 기도하셨습니다. 그러한 기도의 삶이 있었기에 그 분이 생생한 영력을 유지하며 험한 이 세상에서 메시아로서의 사명을 감당할 수 있었습니다.

여러분에게는 한적하게 구별된 기도의 장소가 있습니까? 없다면 찾으십시오. 가장 좋은 곳은 물론 여러분의 교회, 늘 예배 속에서 하나님을 만나던 그 자리일 것입니다. 그러나 그것이 어렵다면 방해받지 않을 수 있는 곳을 직접 골라야 합니다. 그리고 뜻을 정하고 그곳으로 나가 기도해야 합니다. 이것이 바로 오늘 성경이 여러분에게 외치는 요구입니다.

새벽에 만날 하나님을 기대하며

그러나 때때로 시간과 장소를 구별하여 기도해야 한다는 이러한 요구들이 우리의 기도를 의무감으로 가득 차게 만들기도 합니다. 시간을 정하고 장소를 정하라는 것은 깊은 기도의 세계로 들어가는 것을 돕기 위한 조건인데, 이것이 깊은 기도를 돕기는커녕 오히려 의무감에 매인 형식적인 기도를 양산해 내기도 하는 것입니다.

오늘 새벽을 맞이하러 한적한 곳으로 나아가시는 예수님을 보십시오. 예수 그리스도께서 그 새벽에 외딴 곳으로 나아가신 것은 단지 기도해야한다는 의무에 얽매인 실천이 아니었습니다. 자신의 힘을 모두 소진한 고단한 일과에도 불구하고 그 새벽에 피곤한 몸을 일으키신 것은, 기도의 의무감이 아니라 사랑하시는 하나님 아버지와의 만남에 대한 기대였습니다.

기도하기에 힘들 정도로 힘겨운 하루를 보낸 뒤에 맞이하는 새벽에 기도로 하루를 시작하는 것이 얼마나 어렵습니까. 그러나 하나님께서는 기도하기 어려운 상황에서 분투하며 기도의 자리로 나아가는 새벽의 헌신을 당신을 향한 갸륵한 충성으로 여기십니다.

우리가 과로로 인하여 구토할 것처럼 힘이 드는 때에는 이렇게 기도하며 하나님께 나아갑시다. "주님, 이 새벽 시간에 기도하러 가는 것까지는 제가 합니다. 그러나 마음을 쏟아 기도할 수 있는 힘을 주시는 분은 주님이십니다. 저를 도와주시옵소서."

늦은 밤까지 고단한 섬김으로 힘이 진하도록 애쓰신 후에도 자신을 새벽 기도에 바치신 예수님의 생애는 너무나 쉽게 안일한 삶과 타협하는 우리의 마음을 아프게 합니다. 예수님께서는 이렇게 매일 매일 죽으시는 것처럼 기도하며 사셨습니다.

당신은 죽으시고 우리는 살리시려고…….

9

사랑으로 기도하라

새 벽 | 기 도 의 | 사 람 들

"천사들이 가로되 여자여 어찌하여 우느냐
가로되 사람이 내 주를 가져다가 어디 두었는지 내가 알지 못함이니이다"

(요 20:13)

09

사랑으로 기도하라

— 막달라 마리아

눈뜨자마자 주님을 생각해야 합니다.
그리고 사랑했기에 들관과 언덕을 가로질러
주님의 시신이라도 뵈오려고 달려가던 여인들을 기억하며,
그들처럼 새벽 기도의 현장으로 달음질해야 합니다.

새벽에 살아나신 예수님

본문은 새벽에 일어난 역사적인 사건 가운데 최대의 사건을 기록하고 있습니다. 홍해가 갈라진 것은 단지 이스라엘 백성들을 건너게 하였을 뿐이지만, 새벽에 예수 그리스도께서 무덤을 가르고

다시 살아나신 이 부활의 영향은 모든 믿는 자들에게 미쳤습니다.

실로 역사상에 일어났던 사건 가운데 이것보다 더 커다란 사건은 없습니다. 홍해가 갈라지고 여리고 성이 무너진 것도 한없이 기이한 일이었으나, 그저 신기하고 감사한 일일 뿐이었고 그 일을 경험한 백성들의 지위와 신분을 근본적으로 고칠 수는 없었습니다.

그러나 예수 그리스도, 그 분의 부활하심은 그를 믿는 모든 사람들로 하여금 영원히 그리스도와 함께 부활하여 그리스도와 함께 이 세상을 다스릴 권세를 부여받도록 만들어 주었습니다.

예수 그리스도의 부활이 정확히 몇 시에 있었는지는 알 수 없습니다. 하지만 한 가지 사실은 분명합니다. 바로 안식 후 첫날 새벽에 무덤에 가 보니 예수 그리스도께서는 이미 부활하시고 안 계셨다는 것입니다.

그런데 예수 그리스도께서는 십자가에 돌아가시기 전 예언하시기를 장사한 지 3일 만에 다시 살아나리라 하셨습니다. 3일이 되기 위해서는 그 전날 밤이 아니라 그날 새벽이어야만 했습니다. 따라서 예수 그리스도께서는 막달라 마리아가 찾아온 때보다 더 이른 새벽, 부활하셨던 것 같습니다.

동이 터 오기 전의 이른 새벽, 이 시간은 예수님께서 늘 기도하던 시간이었습니다. 따라서 예수님께서 이른 새벽에 부활하신 것은 결코 우연이 아니라 기도의 필연이었습니다.

하지만 예수 그리스도의 부활은 아무도 보지 못하는 가운데 진행되었습니다. 그래서 애석하게도 예수 그리스도의 부활하시는 영광스러운 모습에 대한 증언은 남아 있지 않습니다. 그러나 부활하신 결과를 목격한 사람들은 많이 있었는데 지금 우리가 살펴보고 있는 본문의 막달라 마리아도 그 중의 한 사람입니다.

막달라 마리아는 부활의 첫 번째 증인이 되었던 사람입니다. 이 영광의 날 새벽, 그녀는 예수 그리스도께서 안치되어 있는 무덤을 향하여 달려갔습니다. 예수 그리스도께서 십자가에 못박히시고 죽으신 다음날은 안식일이었습니다. 따라서 누구도 예수 그리스도의 무덤으로 다가갈 수가 없었습니다.

당시 이스라엘에는 사람이 죽은 후에 그 시체를 보존하기 위해서 향품을 넣어 두는 관습이 있었습니다. 막달라 마리아는 안식일 내내 예수님의 시신에 향품을 넣지 못한 것이 마음에 걸려, 조바심 내며 다음날이 오기만을 기다렸던 것 같습니다.

그래서 새벽이 오기가 무섭게 향품을 가지고 예수님께로 달려갔습니다. 이 여인은 예수 그리스도께서 살아날 것이라고는 꿈에도 생각지 못하고, 그저 사랑하는 마음으로 예수 그리스도의 시신에 향품을 넣어 두고자 하였던 것입니다.

그런데 이 여인이 무덤에 도착해서 보니 돌이 무덤에서 옮겨져 있었습니다. 분명히 예수님의 시신을 넣어 두고 인봉까지 하였는데, 봉인은 뜯어지고 돌은 무덤에서 옮겨 가 있었습니다.

혼자의 힘으로 옮길 수 없는 엄청난 무게의 돌이 무덤 입구에서 옮겨진 것을 보고 이 여인은 사도들이 있는 곳으로 달려갔습니다. 그리고 예수님의 시신이 없어졌음을 알렸습니다.

그 소식을 듣고 베드로와 요한이 무덤으로 함께 달려갔습니다. 요한이 먼저 도착하였으나 그는 거기서 주저하였고, 결국 시몬 베드로가 앞장 서 무덤에 들어갔습니다. 가서 보니 과연 예수님은 계시지 않고 시신을 쌌던 세마포와 수건만이 놓여 있었습니다. 그제서야 요한도 들어와서 보고 믿었습니다. 여기서 믿었다는 것은 예수님의 부활이 아니라 막달라 마리아의 말을 믿었다는 것입니다.

새벽에 흐느끼는 여인

그러나 우리가 주목해야 할 것은 그 다음 대목입니다. 두 제자는 예수님의 시신이 사라진 무덤을 멍하니 바라보다 결국 자기 집으로 돌아가 버렸습니다.

사실 이 상황은 집으로 돌아갈 수밖에 없는 상황입니다. 이미 시신은 없어졌고, 거기서 기다리고 있어도 시신이 다시 돌아오지는 않을 것이었습니다. 더구나 혹시라도 거기에서 서성거리다가 대제사장들의 부탁을 받은 로마 병정들을 만날 경우, 큰 봉변을 당할 수도 있었습니다. 그래서 그들은 집으로 돌아가 버렸습니다.

그런데 문제는 그렇게 집으로 돌아갈 수밖에 없는데도 불구하고 막달라 마리아는 돌아가지 않고 거기에 서 있었다는 것입니다. 성경 본문은 말합니다. "마리아는 무덤 밖에 서서 울고 있더니."

이 여인은 거기에 남아 있어 봐야 소용없는 상황에서 굳이 그곳에 홀로 남아 울고 있었습니다. 헬라어 원문에 의하면 이 여인의 울음은 단지 흐느낌이 아니라 엉엉 소리내서 우는 통곡입니다.

어린아이처럼 통곡하고 있는 이 여인을 떠올리며 우리는 오늘날 우리의 신앙 생활을 돌아보아야 합니다.

오늘날 교회에 나오는 대부분의 사람의 태도는 베드로와 요한이 무덤을 들여다보는 태도와 별반 다르지 않습니다. 그들은 그저 시간이 되어 예배에 나온 것일 뿐, 살아계신 예수님을 만나 볼 수 있으리라는 기대를 거의 하지 않습니다. 제자들이 예수 그리스도의 시신을 찾으러 왔다가 발견하지 못하자 당연하게 여기고 집에 돌아간 것처럼, 오늘날 신자들은 예수님을 만나기 위해 예배에 나왔으면서도 만나지 못함을 당연하게 여기고 집으로 돌아가는 것입니다.

이 제자들은 사도였습니다. 예수님께서 이 땅에 오셔서 누구보다도 먼저 부르신 사람들로, 무엇으로 따져 보든지 무덤 앞에서 울고 있는 막달라 마리아보다 대선배였습니다. 이들은 예수 그리스도께서 체포되시기 직전에 겟세마네 동산에서 눈물로 기도하실 때에 그 분 가까이서 그 음성을 들었던 사람들이었습니다.

그런데 예수님께서는 첫 번째 부활의 영광스러운 모습을 이들 앞에 드러내지 아니하시고, 죄 많았던 여인 막달라 마리아에게 보이셨습니다. 그녀는 일곱 귀신이 들어서 사람들에게 미친 사람으로 취급되던 여자였습니다. 소망도 가치도 없었던 미천하고 가엾은 인생이었습니다. 하지만 예수님께서는 이 여인에게 예수 그리스도의 부활의 첫 번째 목격자가 되는 특권을 주셨습니다.

영원히 이 여인은 부활의 첫 번째 증인입니다. 누구도 이 여인보다 먼저 부활한 예수 그리스도를 만나지 못했습니다. 예수님께서 제자들에게 직접 나타나시기 전까지 모든 사람은 이 여인에게 귀 기울이며 예수 그리스도의 부활 소식을 들어야 했습니다.

병 고치는 권세와 귀신을 쫓는 능력을 한 몸에 받고, 천국의 열쇠를 부여받았던 예수님의 제자들조차 부활에 관해서는 묵묵히

이 여인의 말에 귀를 기울이고 고개를 끄덕일 수밖에 없었습니다.

그날 이 여인을 통해 전해진 것은 복음이었습니다. 이 복음을 전하는 하나님의 방법을 보며 우리는 세상의 지혜와 하나님의 지혜가 같지 않음을 배웁니다. 사람들은 외모와 조건으로 판단하지만 하나님께서는 사람의 중심을 보시며 일을 맡기십니다. 사람들은 언제나 인간의 가치를 겉으로 드러나는 것으로 평가하려 하지만, 예수님께는 당신을 향한 진실한 사랑이 중요합니다.

사랑에 빠진 새벽

예수님의 그 잣대는 사랑이었습니다. 그 마음이 얼마나 예수님을 사랑하고 있는지가 예수님의 판단 기준이었습니다.

이 여인은 왜 사도들마저 돌아가 버린 빈 무덤 앞에서 슬피 울며 통곡했습니까? 이 여인이 대성통곡한다고 예수님께서 다시 돌아오십니까? 운다고 예수님의 시신을 가져갔던 사람들이 다시 시신을 업고 와서 돌려주겠습니까? 사실 이 울음은 전혀 쓸데없었고, 문제 해결에 아무 도움이 되지 못하는 행동이었습니다.

그러나 막달라 마리아는 도저히 울음을 참을 수가 없었습니다.

사람들이 자기의 울음소리를 듣고 달려와 잡아간다고 할지라도 어쩔 수 없었습니다. 이 여인의 마음에는 예수 그리스도에 대한 깊은 사랑이 있었고, 그 사랑이 그녀를 울 수밖에 없도록 만들었기 때문입니다.

이 여인은 예수 그리스도의 부활을 짐작조차 하지 못했습니다. 주님이 가르쳐 주셨건만, 사람들은 아무도 그것을 깨닫지 못했습니다. 지금 이 여인이 울 수밖에 없는 것은 그녀가 사랑했던 그리스도는 죽었으나 그리스도를 향한 자신의 사랑은 죽지 않았기 때문입니다.

그리스도께서 사라지신 것처럼 이 여인의 마음속에 있는 그리스도를 향한 사랑도 사라져 버렸다면, 이렇게 울지 않았을 것입니다. 그리스도는 죽으셨으나 이 여인의 마음속에 있는 그리스도를 향한 사랑은 죽지 않고 계속되었습니다.

무엇 때문입니까? 무엇이 이 여인으로 하여금 죽음까지 뛰어넘는 사랑을 하게 만들었습니까? 그것은 그 분으로부터 받은 위대한 사랑 때문이었습니다. 그 놀라운 사랑을 예수 그리스도께서 먼저 이 여인에게 베풀어 주셨습니다. 일곱 귀신이 들려서 살아갈 희망이 전혀 없던 그 여인을 예수 그리스도께서 살리셨습니다. 그 많은 죄들을 용서하셔서 하나님 앞에 다시 살게 하셨습니다.

신앙에 있어서 우연히 일어나는 일은 없습니다. 결정적인 순간에 꼭 기도하게 되는 사람은 평소 늘 기도로 살아오던 사람입니다. 사랑도 마찬가지입니다. 평소 사랑하지 않았는데 결정적인 순간이 찾아오자 사랑이 솟아나는 것이 아닙니다. 늘 품고 있던 사랑의 마음이 필연적으로 그 순간에 드러나는 것입니다.

이 여인이 이렇게 빈 무덤에서 통곡할 수 있었던 이유는 그 이전에 예수 그리스도께서 살아계실 때부터 이 여인에게는 예수 그리스도를 향한 크고 온전한 사랑이 삶의 원동력이었기 때문입니다. 그랬기에 이 결정적인 순간에 그리스도를 향한 사랑으로 슬피 울 수 있었던 것입니다.

사랑은 언제나 논리보다 뛰어나며 수많은 은사의 체험보다도 훨씬 뛰어납니다. 왜냐하면 예수 그리스도가 바로 사랑이시기 때문입니다. 사랑은 모든 논리, 모든 두려움, 모든 역경을 초월합니다. 그래서 톨스토이는 "죽음의 공포보다 강한 것은 사랑의 감정이다"라고 말했습니다.

추운 겨울, 차가운 얼음물 속에 같이 놀던 어린 동생이 빠졌습니다. 그러자 이내 형이 동생을 구하러 그 물 속으로 들어갑니다. 뒤이어 그들의 아버지도 자식들을 구하러 들어갑니다. 차가운 물 속에서 세 사람은 모두 죽고 맙니다.

논리로 따지면 하나가 죽는 것이 셋이 함께 죽는 것보다 낫습니다. 형과 아버지는 죽음이 뻔히 보이는 얼음물 속으로 뛰어들지 말아야 했습니다. 그러나 사랑의 감정은 그러한 논리보다 더 뛰어난 것이기에 그들은 뛰어드는 것입니다.

사랑에는 이유가 없습니다. 사랑하는 이유를 구체적으로 댈 수 있다면 그것은 더 이상 사랑이 아닙니다. 사랑은 모든 것을 초월하며 신앙의 모든 신비한 영적 체험도 초월합니다.

사람들 중에는 자기가 신령하다는 사실을 과시하지 못해서 안달을 하는 사람들도 많이 있습니다. 그들은 언제든지 기회만 주어지면 자기가 얼마나 신령한 사람인지를 보이고 싶어서 애씁니다. 그러나 신령한 영적 생활을 나타내는 지수는 은사가 아니라 예수 그리스도를 향한 뜨거운 사랑입니다.

사랑이 이 여인의 마음속에 있었기 때문에, 이 여인은 논리와 상관없이 빈 무덤 앞에서 울고 있었습니다. 이 여인이 눈물로 구한 것은 그리스도의 시신이었습니다. 그러나 사랑의 눈물로 간구하였을 때, 그녀는 시체가 아닌 살아계신 예수 그리스도를 만나게 되었습니다.

지금 울고 있는 이 여인은 잠시 후, 부활하신 예수님의 신비한 모습을 만나게 됩니다. 그 여인 앞에 다시 나타난 예수님은 이전의 예수님이 아니었습니다. 그 분은 인간의 사고로는 이해할 수 없는 신비한 부활체의 모습으로 나타나셨습니다. 그러나 이 여인의 사랑은 변함없었습니다.

살아계신 예수 그리스도에 대한 사랑이나, 죽으신 예수 그리스도에 대한 사랑이나, 부활하신 예수 그리스도에 대한 사랑이나, 이 모든 사랑은 동일한 사랑이었습니다. 이것이 바로 사랑의 정체로 참된 사랑은 이렇게 변함없는 것입니다.

우리가 받은 은사나 영적인 상태는 쇠할 때가 있고 성할 때가 있습니다. 심지어는 하나님께서 주실 때가 있고 거두어 가실 때가 있습니다. 그러나 하나님을 향한 참된 사랑은 쇠하거나 거두어지지 않습니다. 이것이 참된 사랑의 본질입니다.

막달라 마리아를 보십시오. 주님은 사라지셨지만, 그 분을 향한 사랑은 쇠하지 않았습니다. 이 여인이 변함없는 사랑을 주님께 드리고 있었기에 예수님께서는 제일 먼저 그녀를 찾으신 것입니다.

이 여인에게 사랑이 있었기 때문에, 사랑하는 마음으로 예수 그리스도의 무덤을 찾았기 때문에, 이 여인은 다시 사신 그리스도를 만날 수 있었습니다.

그리고 이 여인이 다시 사신 그리스도를 만나게 되자, 이 슬픈 무덤은 변하여 기쁨의 자리가 되었고, 실망은 감격으로 변하였고,

낙심은 희망으로 바뀌었습니다. 한숨은 변하여 노래가 되었고, 눈물은 변하여 찬송이 되었습니다.

새벽에 일어난 일

　예수 그리스도의 부활은 새벽, 아직 어두운 때에 일어난 일입니다. 예수 그리스도께서 새벽에 부활하신 것은 정말 놀라운 일입니다. 예수 그리스도께서 새벽에 부활하셨기에, 이 부활의 감격은 호기심으로 바라보던 다른 사람들에게 나뉘지 않고 오직 참된 사랑을 가지고 예수 그리스도를 찾아갔던 여인에게만 주어졌습니다.
　막달라 마리아는 부활의 시간인 새벽에 깨어서 주님을 찾았던 사람입니다. 그래서 그녀는 그 새벽에 부활의 기쁨에 동참할 수 있었고, 아름다운 믿음의 생애를 살았던 그 많은 성도들이 손꼽아 기다리고 천사들도 보고 싶어했던 부활의 증인이 될 수 있었습니다.
　그러나 예수 그리스도를 죽음에서 다시 일으키신 하나님의 역사는 아직 끝나지 않았습니다. 그 옛날 홍해를 가르시고 그 큰 성 여리고를 무너뜨리셨던 것과 방불한 역사들은 지금도 계속됩니다. 그리고 하나님께서는 새벽에 당신의 얼굴을 구하는 이들에게

이 위대한 일의 증인이 되게 하십시오.

눈뜨자마자 주님을 묵상하십시오. 그 분의 은혜가 아니면 아무 소망이 없는 자신의 초라함을 생각하십시오. 그 분을 의지하는 마음으로, 그 분과의 더 깊은 교제를 갈망하는 마음으로 가득 채우십시오. 들판과 언덕을 가로질러 주님의 시신이라도 뵈오려고 달려가던, 주님을 진정으로 사랑했던 여인들을 기억하십시오.

그들처럼 새벽 기도의 현장으로 달음질하십시오.

10

회복을 꿈꾸라

새벽 | 기 도 의 | 사 람 들

"저희가 조반 먹은 후에 예수께서 시몬 베드로에게 이르시되
요한의 아들 시몬아 네가 이 사람들보다 나를 더 사랑하느냐 하시니
가로되 주여 그러하외다 내가 주를 사랑하는 줄 주께서 아시나이다
가라사대 내 어린 양을 먹이라 하시고"

(요 21:15)

회복을 꿈꾸라
―베드로

> 우리에게는 베드로와 같은 회복이 필요합니다.
> 주님의 용서와 은혜를 통해 새로운 관계를 시작하여야 합니다.
> 베드로처럼 주님을 만나고 싶다면 새벽 기도를 하십시오.
> 회복의 갈망을 품고 교회를 향해 걷는 그 발걸음이
> 곧 갈릴리 해변으로 가는 길이기 때문입니다.

한 사람을 위하여

요한복음은 문학적인 완성도를 고려한다면 20장에서 끝나는 것이 더 좋았을 것입니다. 요한 사도는 20장을 요한복음 전체에 대한 결론을 제시하면서 마치고 있습니다.

요한복음 20장의 마지막은 이러합니다. "예수께서 제자들 앞에서 이 책에 기록되지 아니한 다른 표적도 많이 행하셨으나 오직 이것을 기록함은 너희로 예수께서 하나님의 아들 그리스도이심을 믿게 하려 함이요 또 너희로 믿고 그 이름을 힘입어 생명을 얻게 하려 함이니라."

그런데 이렇게 끝나는 것이 자연스러웠을 이 대목에서 갑자기 마지막 장이 마치 부록처럼 나옵니다. 하지만 요한복음의 마지막 장은 신약 성경 전체를 이해하는 데 매우 중요한 장입니다. 만약 이 요한복음 21장이 없었다면, 우리는 초대교회사를 이해하면서 매우 큰 혼란을 느꼈을 것입니다.

이어지는 사도행전을 보면 알겠지만 첫 장에서부터 오순절 성령 강림 때까지 하나님 앞에 기도하고 부르짖는 초대교회의 상황들이 나옵니다. 그런데 그 첫 장에서 교회를 이끌어 가는 중심적인 지도자가 바로 베드로입니다.

만약 요한복음이 20장에서 끝났다고 한다면, 베드로는 마태, 마가, 누가, 요한복음의 증언대로 예수님의 사랑을 많이 받았으나 결국은 실패하고 결정적인 순간에 예수 그리스도를 모른다고 부인한 사람으로 이해되었을 것입니다. 그리고 그렇게 되면 우리는 넘어졌던 이 사람이 어떻게 사도행전에서는 예루살렘 교회의 지도

자가 될 수 있었는지 끊임없는 의문을 갖게 되었을 것입니다.

그러나 이 요한복음의 마지막 장이 네 복음서와 사도행전 사이에 삽입됨으로 말미암아, 베드로는 초대교회의 지도자로서 정당성을 인정받을 수 있었습니다.

이 마지막 장이 예수 그리스도 자신이 직접 베드로를 회복시켜 주셨음을 증언하고 있기 때문입니다. 네 복음서의 마지막 장이기도 한 요한복음 마지막 장은 이렇게 회복될 베드로를 위한 장(場)이었습니다.

그 때처럼 찾아오신 예수님

요한복음 마지막 장에서 예수님께서는 처음 베드로와 만났을 때의 상황을 그대로 재현하십니다. 처음에 그물을 던져 고기를 잡던 베드로를 사람 낚는 어부로 부르셨던 그 상황을 다시금 재현하심으로써 예수님께서는 실패한 그를 다시 불러 주셨습니다. 처음의 부르심이 잘못된 것이 아니었음을 베드로에게 알려주신 것입니다.

사실 이 때 베드로는 혼자 있지 않았습니다. 디두모라 하는 도마와 나다나엘과 세베대의 아들들과 또 다른 제자 둘이 함께 있었습니다. 그리고 이미 그들은 모두 예수님께서 부활하신 것을 알고 있었습니다.

부활하신 예수님께서는 이 갈릴리에 나타나시기 전에 이미 두 번이나 제자들에게 자신을 보이셨습니다. 첫 번째는 안식 후 첫날 저녁, 제자들이 유대인들을 두려워하여 문을 꼭 닫고 떨고 있을 때에 나타나신 것이고, 두 번째는 여드레쯤 지난 후에 그분의 손과 옆구리를 만져 보지 않고는 예수님의 부활을 믿을 수 없다던 도마를 위해 제자들 앞에 나타나신 사건입니다.

그런데 예수님의 부활을 직접 눈으로 확인하고서도 제자들은 무엇을 어떻게 해야 할지 갈피를 잡지 못하고 있었습니다. 부활하신 예수님을 만나기는 했지만 이제 자신들이 무엇을 해야 할지는 알지 못하고 있었습니다. 그래서 그들은 결국 고기를 잡으러 갔고, 밤이 새도록 수고를 하였습니다. 그런데 이상하게 고기가 전혀 잡히지 않았습니다.

예수님께서 제자들에게 나타나신 것은 바로 이 때였습니다. 날이 새어 갈 즈음 예수님께서는 홀연히 나타나 바닷가에 서셨습니다. 그리고 제자들에게 배 오른편에 그물을 던질 것을 명하셨습니다. 제자들이 예수님의 말씀대로 행하자 고기가 많이 잡혔습니다.

이에 제자들이 하나둘씩 그 분을 알아보기 시작했습니다. 베드로도 그 분이 예수 그리스도이심을 알아보았습니다. 그러나 이 사람은 성질이 급한 사람이었습니다. 그는 그 분이 주시라 하는 말을 듣자마자 바다로 풍덩 뛰어내렸습니다. 그리고 50간쯤 되는 거리를 물살을 헤치며 다가갔습니다. 그렇게 예수님 앞에 가서 섰는데 그제야 그는 자신이 예수 그리스도 앞에 설 면목이 없는 사람이라는 것이 생각났습니다.

예수 그리스도 앞에 설 때, 그 때야 비로소 우리는 우리의 모든 잘못된 것들과 어리석은 것들을 인식할 수 있습니다. 우리의 오해와 무지가 백일하에 드러나는 것입니다.

예수 그리스도 앞으로 나아가지 않으면, 사람들은 계속해서 자신에게 속고, 세상에게 속습니다. 자신이 제법 괜찮은 사람인 줄 착각하고 스스로 높아집니다. 이것이 그리스도 앞에 서 있지 못한 사람들의 비극입니다. 그들은 자신의 비참한 상태를 제대로 인식하지 못하고 있습니다. 이 베드로처럼 말입니다.

예수 그리스도 앞에 선 그 순간, 베드로에게는 모든 것이 생각났습니다. 그래서 아무 말도 할 수 없었습니다. 조금이라도 일찍 그 분 곁으로 가려고 물 속으로까지 뛰어들었지만, 막상 그 분 앞에 서니 베드로는 고개를 들 수가 없었습니다.

"내가 이 분을 어떻게 대했던가?" 양심의 가책이 베드로에게 밀려왔을 것입니다. 베드로에게 이것은 주님을 부인한 이후로 맞는 첫 번째의 개인적인 만남이었습니다.

바로 그 때에, 송구함으로 말문을 열지 못하는 베드로에게 예수님께서는 지금 잡은 생선을 가져오도록 명령하셨습니다. 베드로가 아니면 생선을 가지고 올 사람이 없어서가 아니라, 일거리를 주어 그의 면목없는 마음을 풀어 주시려는 것이었습니다.

예수 그리스도께서는 베드로에게 전혀 유감이 없으셨습니다. 그 분은 처음부터 베드로가 당신을 부인할 것을 알고 계셨고, 지금 이 순간의 베드로의 송구스러워하는 마음도 너무나 잘 알고 계셨습니다.

마음을 풀어 주시며 다가오셨기에

그래서 예수님께서는 이 일들이 있기 전에 미리 말씀하셨습니다.
"시몬아, 시몬아, 보라 사단이 밀 까부르듯 하려고 너희를 청구하였으나 그러나 내가 너를 위하여 네 믿음이 떨어지지 않기를 기도하였노니 너는 돌이킨 후에 네 형제를 굳게 하라"(눅 22:31-32).

예수 그리스도께서는 베드로가 그 분을 부인하기 전에 이미 그를 용서하고 계셨습니다. 지금 우리도 마찬가지로 하나님과의 화목이 깨어진 가운데 살아갈 때가 있습니다. 요나 선지자가 그랬듯, 우리도 하나님 앞에 불평하고, 토라지고, 섭섭해 할 수 있습니다. 그러나 그것은 어디까지나 우리만의 감정일 뿐입니다. 하나님께서는 한시도 우리를 향해 그런 마음을 품지 않으시며 이미 우리의 모든 것을 용납하셨습니다.

지금 베드로는 예수 그리스도를 대하면서 마음에 심각한 괴로움을 느꼈습니다. 예수 그리스도께서는 그것을 문제로 생각하지 않으셨지만, 베드로에게 그 문제는 가슴을 짓누르는 고통이었습니다.

주님은 그를 쫓아오셨습니다. 지금 제자들에게 찾아오신 것도 사실은 그러한 베드로를 회복시키기 위해서였습니다. 생선을 가져오라는 예수님의 명령을 받고 베드로는 내심 안도하였습니다. 주님이 그에게 먼저 말을 건네고, 예전처럼 대해 주심으로 그의 마음을 풀어 주셨기 때문입니다.

그날 주님이 세 번째로 영광스러운 부활의 모습을 보이신 것은 이런 일들을 위함이었습니다. 그 분의 아주 특별한 목적은 바로 베드로 한 사람의 마음을 어루만지고 새 사명을 주시기 위함이었던 것입니다.

그래도 예수님의 가족이었습니다

　이 날 예수 그리스도께서는 제자들을 위해 조반을 베푸셨습니다. 시편 23편에서도 드러나듯이, 실패한 사람들을 부르시는 하나님의 방법은 함께 식사하시는 것입니다. 여기서 식사의 의미는 바로 교제이며, 그것은 한가족이요 한 형제가 되었다는 친밀함의 고백입니다.

　예수 그리스도께서 공생애 기간 중에도 죄인들과 함께 식사를 나누시며 그들을 깨웠습니다. "왜 너희 선생은 죄인들과 세리들과 식사하느냐"고 유대인과 바리새인들이 반박했을 때에 예수님께서는 "내가 의인을 부르려 함이 아니요, 죄인을 불러 회개시키러 왔노라"고 말씀하셨습니다. 즉 그 분에게는 죄인을 고치는 방법이 함께 식사하시는 것이었습니다.

　죄인을 고치고 치료하시는 예수님의 방법은, 그들과 함께 교제하는 것이었습니다. 예수님과 나누는 신령한 교제가 죄로 말미암아 만신창이가 된 인생들을 치유하였습니다.

　생명이 없던 죄인들의 몸에 생명이신 예수 그리스도와의 교제로 인해 생명력이 흘러 들어가기 시작했습니다. 빛이 없이 캄캄한 길을 걸어가는 것 같은 죄인들의 삶 속에 빛이신 그리스도가 나타나시자, 참된 생명의 빛이 그들의 영혼을 비추기 시작했습니다. 인생을 지배하던 모든 사악한 견해들이 사라지고, 하나님께 나아가는 확실한 길이 발견되었습니다.

식사할 때처럼 가족적인 분위기를 느낄 수 있는 때도 흔치 않습니다. 함께 식사할 때, 우리는 우리가 한 가족이라는 사실을 선명하게 느낍니다.

이 갈릴리 해변에서의 식사 장면을 생각해 보십시오. 아마도 베드로는 예수 그리스도와 함께 식사하면서 목이 메어 음식을 넘기기 어려웠을 것입니다. 예수님과 함께 식탁을 마주하자, 그에게는 그 분과 함께하였던 수없이 많은 식탁의 경험들이 떠올랐을 것입니다.

때로는 말씀을 전하다가 광야에서 떡 한 조각으로 끼니를 때우기도 했고, 때로는 풀밭에 앉아 이적을 베푸신 물고기와 떡을 먹으면서 허기를 달래기도 하였습니다. 창기와 세리와 먹고 마신다는 비난을 감수하며 예수님과 식탁을 마주하던 때도 있었습니다.

이 때 베드로에게는 그런 모든 지나간 추억들이 주마등처럼 스쳐 갔을 것입니다. 그러면서 그는 예수님이 누구신지, 자기는 누구인지 절절히 깨달았을 것입니다. 그리고 예수님의 깊은 사랑을 느끼며, 자기 스스로 그 분을 모른다고 한 그 부인이 얼마나 부끄러운 것인지 깊이 깨닫게 되었을 것입니다.

그는 실패했지만, 예수님께서는 그를 여전히 당신의 가족으로 대하여 주셨습니다.

양심의 소리보다 주님의 음성을

이처럼 영적으로 새로워지는 역사는 그리스도와의 교제를 통해서 일어납니다. 예수 그리스도를 부인한 이후로 베드로의 삶은 어떠했을까요? 그 영혼이 예전처럼 그리스도의 생명력을 누리며 살지 못했음은 자명합니다.

설령 예수님께서는 자신을 용서하셨을 거라고 생각했다 할지라도, 베드로 자신이 자신을 용서할 수 없었을 것입니다. 그러나 예수님께서는 이런 베드로를 찾아오셨고, 그의 무거운 마음의 짐을 덜어 주셨으며 무너진 교제의 관계를 회복시켜 주셨습니다.

때때로 우리는 실제로 주님이 우리의 죄를 용서해 주셨음에도 불구하고, 양심으로 그릇된 송사들을 계속하기도 합니다. 이것은 우리가 양심적이거나 면목을 아는 사람이라서가 아니라, 주님이 우리들의 죄를 용서하셨다는 사실을 믿지 못하기 때문입니다. 따라서 이것은 불신앙입니다.

이럴 때 우리에게 필요한 것이 바로 회개입니다. 참된 회개는 우리로 하여금 예수 그리스도께서 이미 우리의 죄를 용서해 주셨다는 사실을 확신하게 합니다. 그리고 그 확신으로 말미암아 우리의 양심 속에서 일어나는 그릇된 송사들을 그치게 합니다.

물론 양심이 늘 이렇게 그릇된 쪽으로만 작용하는 것은 아니며, 우리에게 올바른 길을 제시할 때가 더 많습니다. 그러나 그것은 양심이 하나님의 말씀으로 적절히 통제받고 있을 때이고, 신자의 양심이 말씀과 성령으로 제대로 통제받고 있지 못한 경우에는 날카로운 비수가 되어 자신의 영혼에 상처를 내곤 합니다. "내가 어찌 감히 하나님께 나아갈 수 있겠는가" 하며 도리어 하나님 앞으로 나아가는 일들을 가로막는 작용을 하기도 합니다.

이러한 이상한 송사들은 성령의 기능이 아닙니다. 참된 회개는 자신의 비천함을 보면 볼수록 더 간절히 하나님을 붙들게 합니다. 이를 통해 겸비해짐과 동시에 비천한 자신을 향한 하나님의 가슴 저미는 사랑을 예민하게 느끼게 되기 때문입니다.

성령이 돌이키고 회개할 것을 권면하는 것은, 사실 성도로 하여금 양심에 자유를 얻도록 하기 위해서입니다. 그러나 많은 사람들이 온전히 그 자유를 누리지 못하고 있습니다.

예수님께서 인간을 죄책으로부터 해방시켜 주셨는데도, 그들의 양심이 그 해방을 누리지 못하는 것은 그들이 그 죄에 대하여 깊이 회개하지 않았기 때문입니다.

회개하지 않은 사람은 주님이 자신의 죄를 모두 용서해 주셨다는 사실을 믿을 수 없습니다.

이 모습 이대로

그런데 이렇게 함께 조반을 먹은 후에 예수 그리스도께서는 베드로에게 질문을 던지십니다. "요한의 아들 시몬아 네가 나를 사랑하느냐"라고 말입니다. 예수님께서는 그를 베드로라고 하지 않으시고 요한의 아들 시몬이라고 부르셨습니다.

이것은 그 분께서 베드로의 마음을 깊이 헤아리고 계셨기에 부른 호칭이었습니다. 만약, 이 때 예수님께서 "베드로야 네가 나를 사랑하느냐" 하고 물으셨다면 베드로는 주눅이 들고 말았을 것입니다. 베드로는 큰 반석이라는 뜻입니다. 그의 믿음이 반석과 같다는 의미의 이름입니다.

이미 주님을 세 번이나 부인한 그에게 반석 같은 사람이라고 부르는 것은 그의 죄책감을 자극하는 잔인한 일이 될 것이었습니다. 그래서 예수님께서는 그를 요한의 아들 시몬아라고 부르셨습니다.

 3년 동안 예수님의 제자로 능력 있게 살던 베드로 대신, 단조롭고 허무한 삶을 살아가던 평범한 시절의 그의 이름을 불러 주신 것입니다. 예수님께서 이렇게 불러 주셨기에 베드로는 그를 둘러싸고 있던 모든 허식과 껍질들을 벗어버리고 있는 그대로의 모습으로 그 분 앞에 나갈 수 있었습니다.

 신자에게 있어서 명예, 지위, 직분, 이 모든 것들은 껍질에 불과합니다. 예수 그리스도께로 나아갈 때는 그러한 껍질을 벗고 있는 그대로의 모습으로 나가야 하며, 그것이 영적인 회복의 지름길입니다.

 껍질을 붙들기 시작하면 점점 더 자신의 진솔한 모습들을 잃어버리게 됩니다. 기도의 세계에서 솔직함과 정직함을 강조하는 것도 이 때문입니다. 진실해지지 않으면 깊이 기도할 수 없는데, 이는 자신의 상태를 제대로 깨달을 수 없기 때문입니다.

 모든 겉치레는 세상에서만 통용될 뿐, 하나님께 통용되지 않습니다. 하나님께서는 우리가 먼저 자신을 비우기 원하십니다. 그런 모습으로 기도할 때 우리의 마음이 겸비하여지고, 우리의 마음이 그렇게 낮아질 때 회복이 시작됩니다.

주님 앞에서 필요한 것은, 정직한 홀로서기입니다. 주님 앞에 나아갈 때에 우리는 목사도, 전도사도, 교사도, 구역장도 아니며 그저 주님이 사랑해 주시지 않으면 살 수 없는 한 마리의 어린양일 뿐입니다.

네가 나를 사랑하느냐?

예수님께서는 베드로에게 "네가 나를 사랑하느냐?"고 물으십니다. 예수님께서는 베드로에게 한마디의 질책도 하지 않으셨습니다. 이것을 보며 우리는 죄인을 다루는 인간의 방법과 하나님의 방법이 얼마나 다른지 느끼게 됩니다.

인간은 죄인을 다룰 때, 그 죄를 드러내어 자복시키고 잘잘못을 철저히 따진 후에 그가 아파하고 후회하는 것을 보고서야 용서해 줍니다. 이것이 일반적인 인간의 용서입니다. 그런데 예수님의 방법은 전혀 달랐습니다. 그 분은 과거를 묻지 않으셨습니다. 그저 현재를 물으셨을 뿐입니다. 지난날의 잘못에 사로잡혀 있는 베드로에게 이런 질문을 던지신 것은, 그가 현재적으로 예수님을 깊이 사랑하고 있다면 그의 과거의 잘못은 문제가 되지 않는다는 선언이었습니다.

예수님의 제자들 중에 신앙에서 크나큰 실패를 경험한 두 사람이 있는데, 그것은 베드로와 가룟 유다입니다. 그러나 유다는 그 실패로 인해 영벌에 이르렀고, 베드로는 그 실패에도 불구하고 회복되었습니다. 이 두 사람의 실패에 무슨 현격한 차이가 있기 때문입니까?

이 두 사람의 실패는 질적으로 큰 차이가 없습니다. 유다가 돈을 사랑해서 예수님을 팔았다면, 베드로는 자기의 목숨을 사랑해서 주님을 부인하였습니다. 베드로는 회개하였고 유다는 회개하지 않아서라고 생각하십니까? 만약 베드로가 대제사장의 뜰에서 새벽닭이 울 때 눈물을 흘리고 회개한 것을 높이 평가한다면 유다가 스스로 뉘우쳐 "무죄한 자의 피를 판 돈이로다" 하고 돈주머니를 던져 버린 것도 높이 평가해야 할 것입니다.

두 사람의 차이는 드러난 실패나 회개에 있었던 것이 아닙니다. 지금 예수님께서 하시는 이 질문, 곧 사랑에 있었던 것입니다.

실패한 베드로의 마음속에는 여전히 예수 그리스도에 대한 사랑이 있었습니다. 그는 실패한 그 순간에도 사실 예수 그리스도를 향한 사랑을 지니고 있었습니다. 다만 유약한 인간이기에 사랑하면서도 넘어질 수 있었던 것입니다. 그러나 가룟 유다는 그렇지 않았고, 그에게는 사랑이 없었습니다.

이것은 지금 우리에게도 던져지는 질문입니다. 예수님께 중요한 것은 여러분이 어떻게 실패했고, 어떤 일들로 넘어졌는지가 아닙니다. 지금 예수 그리스도를 향한 사랑이 여러분 안에 있느냐는 것입니다.

하나님께서는 당신을 진심으로 사랑하는 사람을 외면하지 않으십니다. 이런 사람에게는 몇 번이라도 회복을 주시고 기회를 주십니다. 주님이 우리에게 원하시는 것은 흠없는 완벽한 인간이 되는 것이 아니라 온전한 사랑의 사람이 되는 것이기 때문입니다.

예수님께서 실패한 베드로에게 원하셨던 것은 그 실패에 대한 구구절절한 반성문이 아니라 사랑의 고백이었습니다.

지금 우리에게 원하시는 것도 마찬가지입니다. 우리의 사랑의 고백을 그 분은 원하십니다. 이 현재적인 사랑의 고백이야말로 영적인 회복의 모습입니다. 주님을 사랑하지 않고 살아가는 삶은 태양을 등진 것처럼 늘 그림자가 드리워져 있습니다. 고뇌와 슬픔이 그치지 않는 것입니다.

그러나 주님을 사랑하는 삶은 다릅니다. 어떠한 역경도 그 삶에 어두움을 드리울 수 없습니다. 주님을 사랑하는 사람은 예수 그리스도로만 만족하는 사람이기에 이 땅을 살아가는 동안 사람들로부터 부당한 대우를 받고 슬픔을 당해도 주님이 주시는 은혜로 늘 행복하기 때문입니다.

그 새벽, 새 인생의 아침

베드로로부터 사랑을 확인한 예수님께서는 그에게 목양의 사명을 주셨습니다. 여기서 우리는 목양의 사명의 전제 조건이 예수님을 향한 사랑임을 알게 됩니다. 양을 돌보는 자는 양떼를 사랑하기 전에 주님을 먼저 사랑해야 하는 것입니다.

그런데 마지막으로 우리는 이 일의 시간적 배경을 살펴보고자 합니다. 예수님께서 갈릴리 해변에 나타나 조반을 베푸신 시간은 분명 새벽이었습니다. 그 시간이 조용하고 인적이 없는 새벽이었기에 제자들은 배 위에서 해변에 홀로 서 계신 예수님을 금세 알아볼 수 있었습니다. 그리고 방해받지 않고 오직 그 분만을 주목하며 아침을 먹을 수 있었습니다.

하지만 여기에서 우리는 한 가지 의문을 갖게 됩니다. 도대체 다른 제자들은 이 자리에 왜 필요했던 것일까요? 다른 사람은 들을 수 없도록 베드로에게만 조용히 말씀하시고 사명을 주셨어도 되었을텐데 왜 다른 제자들까지 이 회복의 새벽에 참여하도록 하셨을까요?

다른 제자들을 왜 베드로의 회복의 시간에 참여시켰는지 묵상하다 보면 이 사건이 베드로만을 위한 사건이 아니었음을 알게 됩니다.

다른 제자들은 이 사건에 참여함으로 주님이 베드로에게 특별히 사명을 맡기셨음을 알게 되었습니다. 이것은 그들로 하여금 겸손하게 베드로에게 앞자리를 내어 주도록 하였습니다. 그러나 그것이 전부가 아니었습니다.

그들은 실패한 사람 베드로를 예수님께서 다시 회복시키시는 것을 모두 보았습니다. 그래서 이후로 베드로가 자신의 사역을 감당하며 교회를 대변하고 하나님의 목소리를 대변하는 놀라운 역사를 베풀 때, 실패한 자들을 회복시켜 위대하게 쓰시는 주님을 매일 느꼈습니다.

그리고 이 깨달음은 그들로 하여금 소망 없는 죄인들을 위해 포기하지 않고 복음을 전하게 하였고, 넘어지고 실패하는 자들을 위로할 수 있게 하였습니다. 갈릴리 해변의 그 새벽에 주님은 이렇게 그곳에 모인 모든 사람들에게 희망과 격려를 심어 주신 것입니다.

여러분에게도 베드로와 같은 회복이 필요하지 않습니까? 범죄와 실패로 낙담하고 영혼의 어두운 밤을 지나고 있지는 않습니까? 예수님께서 베푸신 밥상에서 교제하며 사랑을 고백함으로 새 삶을 살고 싶지 않으십니까? 진실한 참회와 용서의 은혜로 주님과의 새로운 관계를 시작하고 싶지 않으십니까?

 이러한 갈망으로 교회를 향해 걷는 새벽길은 여러분 마음의 새벽 갈릴리 해변입니다. 그리고 거기에는 아름다운 교제의 식탁과 회복의 은혜가 예비되어 있습니다. 무엇보다 여러분들을 은혜의 교제와 거룩의 힘으로 살게 하시려고 회복의 은혜를 주시는 주님이 거기 계십니다. 여러분들을 빛 가운데서 다시 살게 하시려고……

김 남 준

조국교회의 참된 부흥과 그리스도인의 영적 각성에 깊은 관심을 가지고 열정적으로 설교와 집필 활동을 하고 있는 김남준 목사는 총신대에서 목회학석사, 신학석사 학위를 받고, 신학박사 과정에서 공부했으며, 안양대학 신학부와 천안대학교 신학부에서 전임 강사와 조교수를 지냈다. 성경의 원리에 충실하면서 시류와의 영합을 거절하는 청교도적인 설교로 널리 알려진 저자는 현재 평촌에 있는 "열린교회"(www.yullin.org)를 담임하고 있다.

저서로는 『설교자는 불꽃처럼 타올라야 한다』(두란노), 97년도 기독교 출판문화상 대상을 수상한 『예배의 감격에 빠져라』(규장), 『메시아, 고난과 영광』(생명의말씀사) 외 다수가 있다.

사명선언문

너희가 흠이 없고 순전하여……세상에서 그들 가운데 빛들로
나타내며 생명의 말씀을 밝혀 _ 빌 2:15-16

1. 생명을 담겠습니다
만드는 책에 주님 주신 생명을 담겠습니다.
그 책으로 복음을 선포하겠습니다.

2. 말씀을 밝히겠습니다
생명의 근본은 말씀입니다.
말씀을 밝혀 성도와 교회의 성장을 돕겠습니다.

3. 빛이 되겠습니다
시대와 영혼의 어두움을 밝혀 주님 앞으로 이끄는
빛이 되는 책을 만들겠습니다.

4. 순전히 행하겠습니다
책을 만들고 전하는 일과 경영하는 일에 부끄러움이 없는
정직함으로 행하겠습니다.

5. 끝까지 전파하겠습니다
모든 사람에게, 땅 끝까지, 주님 오시는 그날까지
복음을 전하는 사명을 다하겠습니다.

서점 안내

광화문점　서울시 종로구 새문안로 69 구세군회관 1층
　　　　　　02)737-2288 / 02)737-4623(F)

강남점　　서울시 서초구 신반포로 177 반포쇼핑타운 3동 2층
　　　　　　02)595-1211 / 02)595-3549(F)

구로점　　서울시 동작구 시흥대로 602, 3층 302호
　　　　　　02)858-8744 / 02)838-0653(F)

노원점　　서울시 노원구 동일로 1366 삼봉빌딩 지하 1층
　　　　　　02)938-7979 / 02)3391-6169(F)

분당점　　경기도 성남시 분당구 황새울로 315 대현빌딩 3층
　　　　　　031)707-5566 / 031)707-4999(F)

일산점　　경기도 고양시 일산서구 중앙로 1391 레이크타운 지하 1층
　　　　　　031)916-8787 / 031)916-8788(F)

의정부점　경기도 의정부시 청사로47번길 12 성산타워 3층
　　　　　　031)845-0600 / 031)852-6930(F)

인터넷서점　www.lifebook.co.kr